SEU JOÃO XAVIER

RACISMO ESTÉTICO

DECOLONIZANDO MENTES E PRÁTICAS EDUCATIVAS

jandaíra

São Paulo | 2025

Este livro foi revisado segundo o Novo Acordo Ortográfico da Língua Portuguesa.

DIREÇÃO EDITORIAL
Lizandra Magon de Almeida

ASSISTÊNCIA EDITORIAL
Karen Nakaoka e Maria Ferreira

PREPARAÇÃO E REVISÃO
Equipe Jandaíra

CAPA E PROJETO GRÁFICO
Debs Bianchi | Biancheria

DIAGRAMAÇÃO
Equipe Jandaíra

Dados Internacionais de Catalogação na Publicação (CIP)
(Câmara Brasileira do Livro, SP, Brasil)

Xavier, Seu João
Racismo estético: Decolonizando mentes e práticas educativas / Seu João Xavier. -- 1. ed. -- São Paulo : Editora Jandaíra, 2025.

ISBN 978-65-5094-153-6

1. Antirracismo 2. Decolonidade
3. Discriminação racial 4. Educação das relações étnico-raciais
5. Relações étnicas 6. Sociologia educacional I. Título

25-262494 CDD-306.43

Índices para catálogo sistemático:
1. Relações étnico-raciais: Sociologia educacional 306.43
Aline Graziele Benitez - Bibliotecária - CRB-1/3129

jandaíra
livros que causam, livros com causa
@editorajandaira
www.editorajandaira.com.br
atendimento@editorajandaira.com.br

Dedico este livro:

à Ancestralidade que sobreviveu aos porões dos navios negreiros, contou e cantou suas memórias até que chegassem aos nossos ouvidos.

à Karuh [minha tataravó], à Dindinha [minha bisavó], à Carolina Maria Xavier [minha avó] e às suas irmãs, matriarcas da família Xavier.

ao Vovô, meu bisavô, que não fez questão de aprender português e por tudo que esse ato significa hoje para mim.

à Deia Xavier, minha mãe, sobre quem precisaria escrever um outro livro, caso começasse a agradecê-la.

Sumário

Apresentação

Mas é que esse sorriso negro
Esse cabelo enroladinho
Esse abraço negro reforça um negócio em mim...
Que é D'Oxum
É d'Oxum Ora yeyê!
Eu me vejo tão bonito, preta
Eu me vejo tão bonita, preto
Melanina, Tom Nascimento e Vânia Nascimento

É COM IMENSA SATISFAÇÃO QUE APRESENTO ESTA NOVA EDIÇÃO de *Racismo Estético: Decolonizando Mentes e Práticas Educativas*. A maturação de reflexões teóricas ao longo dos anos e a vontade de tornar acessível, em formato físico, um tema que permanece urgente no cenário social e acadêmico foram os principais motivos que me encorajaram a relançar esta obra.

Desde o lançamento da primeira edição, em novembro de 2020, tive a oportunidade de dialogar sobre o conceito de racismo estético em 52 universidades e institutos federais, além de outras instituições de ensino superior. Também participei de bancas de heteroidentificação, concursos públicos e processos de admissão de estudantes. A repercussão da obra resultou em entrevistas para jornais e revistas, em uma temporada do podcast *EmpreteSer* – disponível no Spotify – e na publicação de artigos em periódicos nacionais de destaque, como na *Revista Gragoatá*, na qual fui convidado a publicar um artigo em inglês no volume 26, edição 56, intitulado: *In My Skin: Racial Education and Post--Abyssal Thinking of Black Aesthetics.*

Esta segunda edição, agora lançada pela Editora Jandaíra, chega ainda mais robusta, seguindo um percurso discursivo que busca desvelar as nuances do racismo estético e, sobretudo, suas implicações para a vida cotidiana e as subjetividades das pessoas negras, inclusive na escola. A organização do livro segue uma linha de raciocínio que propõe ao leitor um percurso para a compreensão teórica e crítica do racismo estético, culminando na necessidade de sua desconstrução. A seguir, apresento um breve panorama de cada seção:

1. Estética, subjetividade e normatividade

O que torna a estética tão poderosa quando falamos de subjetividade? Como as normas estéticas impostas pela sociedade podem sufocar a liberdade individual de expressão? O primeiro capítulo levanta questionamentos sobre a maneira como padrões de beleza eurocêntricos moldam a percepção do que é considerado "aceitável" ou "bonito" e as implicações disso na construção de identidade. Quais subjetividades estão sendo oprimidas quando se dita o que é belo? E de que forma a estética, muitas vezes, age como ferramenta de exclusão e normatização de corpos racializados? Essas são algumas das perguntas que serão exploradas ao longo deste capítulo de abertura.

2. Encarando e desconstruindo o olhar colonizador

Neste capítulo, discuto a importância da Teoria Racial Crítica e do Letramento Racial Crítico como ferramentas para enfrentar o olhar colonizador que ainda permeia nossas instituições, mídias e estruturas de poder. O "olhar colonizador" impõe normas que, historicamente, desvalorizam as estéticas negras e colocam a branquitude como o padrão de beleza, cultura e arte. Como podemos começar a desconstruir essa mentalidade profundamente cauterizada? Por que a informação e a conscientização são as ferramentas mais poderosas para romper com essas normatividades coloniais? Ao longo deste capítulo, provoco o leitor a refletir sobre essas questões e a engajar-se na construção de novas perspectivas sobre as estéticas negras.

3. Aquele do cabelo de bombril

Aqui, mergulhamos nas experiências diárias de racismo estético, que se manifestam através de violências constantes disfarçadas de "brincadeiras" ou "comentários inofensivos", mas que, na realidade, ferem, estigmatizam e muitas vezes constituem crimes. Expressões como "cabelo de bombril" perpetuam estereótipos raciais e atuam como mecanismos de controle sobre a imagem e a autoimagem das pessoas negras. Este capítulo desmascara essas violências e mostra como é essencial desafiar e desconstruir tais narrativas, reconhecendo-as como parte de uma estrutura racista mais ampla.

4. Na minha pele

A pele é muito mais que o maior órgão do corpo. De fato, ela desempenha um papel crucial na sobrevivência humana, mas, além disso, carrega histórias, experiências e significados que transcendem o biológico. Neste capítulo, exploro a maneira como a pele negra é vista e tratada em uma sociedade dominada por estéticas brancas. A partir de exemplos da mídia, artes, entretenimento e publicidade, aponto como as estéticas da branquitude são impostas sobre outras e exercem um poder de dominação. Este capítulo é um convite à reflexão sobre como essa imposição estética impacta a percepção do próprio corpo e da identidade.

5. Dos tambores às latas de spray. Sim! É Arte e Negra
Neste capítulo, discuto a legitimidade da arte negra, frequentemente marginalizada e invisibilizada dentro dos circuitos tradicionais de arte e cultura. A arte negra é muitas vezes considerada "alternativa" ou "menor", quando, na verdade, é uma das expressões mais autênticas e vibrantes de resistência e criatividade. Aqui, defendo que a arte negra deve ser reconhecida não apenas por sua originalidade, mas por sua capacidade de transformar, questionar e subverter as normas estabelecidas. Afinal, quem decide o que é arte? E por que, historicamente, as produções negras foram relegadas a um segundo plano?
6. Decolonizando mentes e estéticas
Por fim, no capítulo de encerramento, proponho uma reflexão sobre o processo de decolonização das estéticas e das mentes. Esse processo exige uma revisão crítica dos conceitos e normas que internalizamos ao longo da vida. O que significa realmente decolonizar a mente e a estética? Como esse processo pode transformar nossa visão sobre o mundo, sobre os outros e sobre nós mesmos?

Convido você a embarcar nessa jornada de descoberta e reflexão. O racismo estético é uma faceta cruel desse crime que nos afronta. Somente ao identificá-lo e nomeá-lo podemos acionar mecanismos para questionar e enfrentar de maneira eficaz essas dinâmicas excludentes. Desejo uma leitura enriquecedora e instigante, que inspire ações transformadoras em nossa sociedade.

Boa leitura!
Prof. Dr. Seu João Xavier

Pensamentos iniciais

Meu verso é ***livre****, ninguém me* ***cancela***
Tipo Mandela saindo da cela
Minhas linha voando cheia de cerol
E dá dó das cabeça quando rela nela
Partiu para o baile, fugiu da balela
Batemos ***tambores****; eles, panelas...*
Ponta de Lança, Rincon Sapiência

No intuito de situar o espaço de produção das ideias e os incômodos que me motivaram a escrever este livro, começo com os versos da letra da música de Danilo Albert Ambrosio, nascido em São Paulo em 9 de setembro de 1985. O rapper é mais conhecido por seu nome artístico – Rincon Sapiência ou Manicongo. Nos versos da epígrafe, o eu-lírico aborda questões relevantes a respeito de um traço fenotípico característico de homens e mulheres negras: o cabelo crespo.

Os grifos em negrito destacam palavras que, em um contexto de desconstrução de estereótipos e combate ao racismo, sintetizam a luta antirracista – livre, cancela, tambores, chapinha no crespo, se armando: "Quente que nem a chapinha no crespo; Não, crespos estão se armando. Faço questão de botar no meu texto. Que pretas e pretos estão se amando".

No entanto, apesar das afirmações de Rincon Sapiência sobre o amor e a valorização de características físicas e culturais, compartilhadas pela maioria da população negro-brasileira de origem africana, segundo dados do Instituto Brasileiro de Geografia e Estatística (IBGE) ainda observamos na sociedade diversos preconceitos, estereótipos e rejeições. Muitos tentam impor, de forma direta ou velada, que pessoas negras adotem um padrão estético diferente do que lhes é natural. Esse assédio estético não é novidade e deriva da ideia de que os traços fenotípicos das pessoas brancas são superiores às características africanas herdadas da ancestralidade.

Relato, a seguir, uma situação que testemunhei no início de novembro de 2019, duas semanas antes do Dia da Consciência Negra. Um grupo de estudantes do primeiro ano do ensino médio veio até mim e relatou uma situação perturbadora. Segundo os estudantes, durante a chamada feita por um docente em sala de aula, o professor, identificado como Ra., perguntou quem eram os alunos ausentes, pois não conseguia associar os nomes aos rostos. Replico, abaixo, a narrativa:

Ra.: – Quem são esses dois alunos que faltaram?

Estudantes: – São fulano e ciclano – mencionando seus apelidos.

Ra.: – Fulano se senta nesse lugar aqui, né? (Professor aponta para uma mesa do lado esquerdo da sala).

Estudantes: – Sim.

Ra.: – E Ciclano? Onde que ele se assenta?

Estudantes: – Ele se assenta ali, naquele lugar. Ele não veio porque está de atestado médico. Ele volta amanhã.

Ra.: – Ah! Sei quem é. Ele é aquele menino de cabelo de bombril? (comentário seguido de gargalhadas do professor).

Os estudantes ficaram visivelmente constrangidos com o comentário sobre um colega, e o silêncio que se seguiu foi interrompido pela expressão de uma estudante negra que presenciou a cena: "Pesado".

Ao ouvir o relato, senti um duplo constrangimento. Primeiro, como docente da instituição; depois, como homem negro, de cabelos crespos e volumosos. Os alunos explicaram que procuraram minha orientação porque costumam me ouvir abordar questões sobre a diversidade étnica, cultural e racial do nosso país, e por fazer dessas questões um canal para o ensino da língua inglesa.

Expliquei que aquele comentário fora inapropriado e racista, portanto, um ato criminoso. Acrescentei que nós, servidores públicos da instituição, temos um compromisso com a ética, o respeito, o reconhecimento e a valorização das múltiplas culturas e saberes. Informei ainda sobre a existência de coordenadorias que se dedicam à educação racial.

No dia seguinte, o estudante ofendido pelo professor como "cabelo de bombril" voltou à aula e foi informado do ocorrido. Ao encontrá-lo no corredor, perguntei como ele estava se sentindo, e ele me disse que fisicamente já se sentia melhor (referindo-se à licença médica), mas que estava muito triste por causa de toda aquela situação. Diante de sua resposta, perguntei se gostaria de registrar o incidente. Com seu consentimento, orientei-o a chamar os colegas que estavam presentes na aula, e juntos fomos até a sala da diretoria para que relatassem tudo o que acontecera.

No Dia da Consciência Negra, organizei um café da manhã coletivo com os estudantes e aproveitei a ocasião para falar sobre a importância de denunciar e combater todas as formas de racismo. Discutimos o respeito à diversidade cultural e racial, e destaquei que, embora nosso contexto de atuação seja local e restrito às nossas comunidades e famílias, precisamos promover debates e ações que conscientizem sobre o crime de racismo e seus profundos impactos na vida das pessoas negras. O fato relatado aconteceu em novembro de 2019, mas, até a data de publicação deste livro, não recebemos qualquer posicionamento da instituição sobre a denúncia.

Comentários racistas sobre o tom de pele de pessoas negras, seus lábios protuberantes e cabelos crespos, infelizmente, ainda são comuns. Em 2016, a cantora brasileira Ludmilla, uma mulher negra, desfilava no carnaval do Rio de Janeiro. A cobertura do desfile era transmitida ao vivo em rede nacional e na internet pelo canal Rede TV. Uma das comentaristas do programa era a empresária Val Marchiori, uma mulher branca e loira.

A fantasia de Ludmilla para o desfile incluía uma peruca de cabelos crespos. Ao comentar o figurino, Marchiori, de forma jocosa, afirmou que a peruca "parecia um bombril". Esse comentário, considerado racista pela Justiça brasileira, resultou na condenação de Marchiori em 2018 – dois anos após o ocorrido – a pagar R$ 10 mil de indenização à cantora. Mesmo assim, a empresária recorreu da decisão e se recusou a pedir desculpas por suas palavras. Um post de Ludmilla em sua conta no Twitter revelou seu descontentamento: "E por ela ser rica e cheia de privilégios, até hoje, nada aconteceu. E ela debocha da situação em todo canto que vai até hoje".

Por sua vez, Marchiori, em entrevista ao programa *Na Lata*, declarou que não concordava com a decisão da Justiça.

> O juiz determinou que eu pagasse R$ 10 mil, mas recorri. O caso ainda está andamento, pois não concordo com a decisão. Tenho o direito de expressar minha opinião. Não ofendi a pessoa, não questionei seu caráter, nem sua cor. Racista? Eu? Sou comple-

> tamente contra o racismo, não tenho preconceito contra ninguém. Se ela quer me processar, é um direito dela, mas considero uma perda de tempo. Quem me conhece sabe que não sou racista.

Diferentemente do relato no início desta seção, o caso entre Val Marchiori e Ludmilla teve um desfecho em março de 2021. Val Marchiori venceu o processo. A Justiça decidiu a seu favor, afirmando que ela exerceu seu direito à "liberdade de expressão". Val celebrou a decisão em suas redes sociais, escrevendo "Justiça seja feita" ao compartilhar a notícia.

À Ludmilla, restou apenas expressar sua indignação na internet, publicando em suas redes sociais: "Racismo não é liberdade de expressão".

Os versos de Rincon Sapiência, que celebram a beleza e a aceitação dos negros em relação ao cabelo crespo, confrontam diretamente discursos racistas dessa natureza. Da mesma forma, o desconforto dos estudantes diante do comentário racista de um professor em sala de aula expõe como as pessoas negras se sentem ao ver suas estéticas rejeitadas e ridicularizadas, seja pelos traços fenotípicos, seja pelo estilo adotado no cotidiano.

No cerne dessas questões, discutirei, à luz da Teoria Racial Crítica, as narrativas de experiências de pessoas negras com o racismo, e como elas percebem seus cabelos, peles e produções artísticas – ou seja, suas estéticas – como parte fundamental de sua identidade, além dos elementos que moldam essas construções.

Meu argumento central defende uma educação racial que promova o Letramento Racial Crítico, pois tal abordagem enriquece a discussão sobre raça e racismo em todas as suas especificidades. Diversos autores têm investigado as tensões raciais, e suas pesquisas evidenciam a urgência de uma educação antirracista que valorize a diversidade expressa nas múltiplas identidades e estéticas dos atores sociais. Entre esses pesquisadores, destaco os trabalhos de Ferreira (2011; 2014), Gandin *et al.* (2002), Ladson-Billings (1998; 1999), Milner (2013) e Gomes (2019).

Este livro resulta de um estudo conduzido com o apoio do Grupo de Estudos Críticos para as Relações Étnico-Raciais (GECRE), vinculado ao Centro Federal de Educação Tecnológica de Minas Gerais (CEFET-MG) e credenciado pelo Conselho Nacional de Pesquisa e Desenvolvimento (CNPq).

As perguntas feitas buscaram capturar as reflexões dos respondentes sobre suas histórias pessoais, experiências com o racismo, e as pressões sociais enfrentadas quando sofrem rejeições e preconceitos devido às suas estéticas e traços fenotípicos. As indagações e hipóteses que direcionaram a pesquisa foram:

- Para homens e mulheres negras, há relação entre a construção identitária e o uso/adoção de cabelos crespos ao natural (sem produtos químicos ou tratamentos para alisar)?
- Existe pressão social para que homens ou mulheres usem seus cabelos crespos alisados (mulheres) ou raspados (homens)?
- Homens e mulheres negras percebem estereótipos ou preconceitos relacionados às pessoas de cabelo crespo que o mantêm natural?
- Como e onde a discriminação com base no cabelo crespo ocorre?
- Há ideologias ou crenças expressas quando um homem ou mulher negra optam por usar seus cabelos crespos/cacheados em estilo afro (black power, natural, armados)?

A partir desse olhar, uma triagem foi realizada a partir das informações fornecidas pelos respondentes. No entanto, apenas algumas dessas perguntas serão discutidas neste livro, devido às restrições de tamanho e ao surgimento de outros aspectos relevantes sobre as estéticas negras, incluindo a pele negra, os corpos negros e outras formas de expressão subjetivas e artísticas. Os dados adicionais serão publicados em trabalhos futuros.

Para apresentar minhas descobertas da melhor forma, este livro foi organizado da seguinte maneira: primeiramente, serão explorados alguns aspectos das teorias filosóficas sobre Estética e o Belo, para entender como nossos julgamentos sobre esses conceitos estão enviesados por referências muitas vezes inconscientes, mas amplamente aceitas e difundidas em nossas sociedades. Em seguida, serão abordados a Teoria Racial Crítica e o Letramento Racial Crítico, que permitirão uma discussão aprofundada sobre o conceito de Racismo Estético. Finalmente, serão compartilhadas as respostas dos informantes durante a pesquisa e os novos aspectos que emergiram.

Estética, subjetividade e normatividade

Sem ponto, sem vírgula, sem meia, descalça.
Descascou o medo pra caber coragem
Sem calma, sem nada, sem ar
Psiu, Liniker

O TERMO "ESTÉTICA" NASCE DE UM CONSTRUTO FILOSÓFICO durante o século 18 e passa, então, a ser empregado para designar as percepções cotidianas em torno de um dado objeto, julgamentos, atitudes, vivências e experiências que culminam no estabelecimento e atribuição de valores sociais. Essa palavra tem origem grega – *aisthésis* – que significa sensação ou sensibilidade. O campo da estética é uma área de investigação filosófica que abrange o estudo dos parâmetros de beleza, da natureza e dos fundamentos da arte. Nessa área, são analisados o julgamento do que é considerado belo, as subjetividades que balizam essas apreciações e as diferentes formas de arte, estruturas ou técnicas artísticas. Conceitos abstratos como o sublime e o que pode ser considerado feio também são examinados.

Diversas correntes filosóficas questionaram as implicações estéticas, desafiando conceitos antes aceitos como senso comum. Por exemplo: as produções artísticas realmente se constituem como objetos estéticos? Uma vez que nossas opiniões são utilizadas para subsidiar nossos julgamentos estéticos, como poderíamos diferenciar o julgamento da apreciação estética? Quais pressupostos teóricos deveriam ser utilizados como marco para a definição da experiência estética: o fenomenológico ou o representacional? Como diferenciar os valores e as experiências estéticas? Essa questão sobre se as produções artísticas realmente se constituem como objetos estéticos é complexa e multidimensional.

As produções artísticas, desde suas formas mais tradicionais, como pintura e escultura, até as mais contemporâneas, como instalações e arte digital, são frequentemente avaliadas por um prisma estético. Contudo, a definição do que constitui um "objeto estético" pode variar amplamente com base em contextos culturais, históricos e individuais. Em muitos casos, o que pode ser considerado estético para uma pessoa ou grupo pode não ser para outro. Essa abordagem relativista sugere que a estética é, em grande parte, uma construção social e cultural, moldada pelas experiências e expectativas dos indivíduos e das sociedades.

Quando consideramos o papel das opiniões na formação dos julgamentos estéticos, a distinção entre julgamento e apreciação estética torna-se crucial. O julgamento estético é frequentemente influenciado por critérios estabelecidos, normas culturais e contextos históricos, enquanto a apreciação estética é uma experiência subjetiva mais imediata e pessoal. Para diferenciar esses dois aspectos, é útil reconhecer que o julgamento estético pode envolver uma análise crítica e uma comparação com padrões estabelecidos, enquanto a apreciação estética pode ser uma resposta emocional e sensorial mais direta ao objeto ou à obra de arte. Essa reflexão me lembra uma visita à Longneck Karen Village, na Tailândia, onde as mulheres usam anéis ao redor do pescoço para alongá-lo. Nessa comunidade, esses anéis são vistos como belos adornos e são uma parte essencial da identidade cultural e do status social daquelas mulheres. Para eles, são um símbolo de beleza e status, e sua prática é profundamente enraizada em suas tradições e valores. No entanto, para muitas pessoas fora dessa cultura, especialmente em países como o Brasil, isso pode parecer exótico se visto através de uma lente de estranhamento.

De maneira semelhante, as comunidades indígenas no Brasil que utilizam alargadores nos lábios e orelhas enfrentam percepções variadas sobre suas práticas estéticas. Enquanto para os membros dessas comunidades esses adornos têm significados culturais profundos e representam aspectos importantes de sua identidade e status social, para observadores externos, essas práticas estão distantes da compreensão do significado cultural real. Esses exemplos ilustram como as percepções estéticas podem variar enormemente de acordo com o contexto cultural e pessoal. O que é considerado belo e significativo em uma cultura pode ser visto como estranho ou incomum por outra. A distinção entre julgamento e apreciação estética se torna ainda mais evidente quando refletimos sobre como nossos próprios contextos culturais influenciam nossas respostas às práticas e aos estilos estéticos de outras culturas. Tudo isso evidencia a necessidade de respeitar e abordar essas diferenças de forma sensível e informada ao discutir e analisar a estética. É fundamental reconhecer a diversidade de experiências e significados que moldam o que consideramos belo ou significativo.

Em relação aos pressupostos teóricos para a definição da experiência estética, tanto a abordagem fenomenológica (desenvolvida por Edmund Husserl) quanto a representacional oferecem perspectivas valiosas. A teoria fenomenológica foca na experiência subjetiva do espectador, considerando como a percepção direta e imediata do objeto estético influencia a experiência estética. Essa perspectiva enfatiza a importância da consciência e da sensação pessoal na formação do significado estético. Em contrapartida, a abordagem representacional considera como os objetos estéticos representam ou refletem valores, ideais e contextos culturais. Esse ponto de vista é útil para entender como a arte e a estética se relacionam com estruturas de poder e significado mais amplas.

Diferenciar valores e experiências estéticas exige uma análise atenta dos aspectos subjetivos e objetivos envolvidos. Os valores estéticos podem ser entendidos como os critérios que determinam o que é considerado belo, interessante ou significativo, muitas vezes sob a influência de normas culturais e sociais. As experiências estéticas, por sua vez, referem-se às respostas pessoais e emocionais que um indivíduo tem em relação a um objeto ou obra de arte. A interação entre valores e experiências estéticas é dinâmica e pode revelar como as percepções individuais e coletivas moldam nossa compreensão do que é estético.

Portanto, ao abordar a estética, é fundamental reconhecer a complexidade das experiências e dos julgamentos estéticos, bem como a influência das normas culturais e individuais na formação desses conceitos. A reflexão crítica sobre essas questões pode aprofundar nossa compreensão da estética e seu papel na sociedade contemporânea. Um exemplo claro dessa variação cultural na percepção estética pode ser visto na comunidade Bodi, localizada na região do Vale do Omo, na Etiópia. Nessa cultura, uma barriga grande é considerada um ideal de beleza, simbolizando riqueza, status e saúde. Os homens Bodi frequentemente buscam engordar para atingir esse padrão estético, o que contrasta fortemente com os padrões de beleza predominantes em muitos países ocidentais, como o Brasil, em que abdomes retos e musculosos são desejados e a magreza, no caso das mulheres, é muitas vezes valorizada. Para um brasileiro, esse ideal da comunidade Bodi pode parecer até chocante, destacando como os valores estéticos são profundamente moldados pelas normas culturais e contextos específicos. Esse contraste ilustra a importância de abordar a estética com sensibilidade e respeito, reconhecendo e valorizando a diversidade de práticas e percepções culturais.

No cotidiano, frequentemente usamos termos como "opinião", "interesse" e "gosto" para descrever nossas percepções estéticas. Entre esses termos, "gosto" é especialmente significativo, porque está profundamente ligado às dúvidas e discussões sobre estética. O conceito de gosto, que está centralizado em como cada um de nós aprecia e avalia o que consideramos belo ou significativo, foi um ponto de debate crucial na filosofia estética.

Historicamente, a filosofia racionalista dominou o pensamento sobre a apreciação estética. O racionalismo, que enfatiza a razão como a principal fonte de conhecimento, argumentava que a verdade e a beleza poderiam ser compreendidas pelo raciocínio lógico e sistemático. De acordo com essa visão, a beleza de um objeto ou obra de arte poderia ser definida e confirmada por princípios lógicos e métricas precisas.

No entanto, essa perspectiva racionalista foi desafiada pela Teoria do Gosto. Os filósofos que desenvolveram essa teoria argumentavam que a apreciação estética não pode ser totalmente reduzida a princípios racionais ou a padrões preestabelecidos. Eles acreditavam que a beleza não pode ser compreendida apenas por meio da lógica e da razão, pois isso ignora a importância das experiências sensoriais e emocionais individuais. Para esses filósofos, a experiência estética é profundamente subjetiva e está relacionada às respostas emocionais e sensoriais que um indivíduo tem em relação a um objeto ou obra de arte.

A Teoria do Gosto, portanto, defende que a percepção da beleza é influenciada por fatores pessoais e culturais que não podem ser totalmente capturados por uma abordagem racionalista. Em outras palavras, o gosto estético é moldado por uma combinação de experiências pessoais, contextos culturais e preferências individuais, e não apenas por critérios lógicos ou universais.

Para ilustrar essa crítica ao racionalismo, é útil considerar as reflexões de Jean-Baptiste Dubos em sua obra *Reflexões críticas sobre poesia, pintura e música* (1748). Dubos e outros filósofos da época questionaram a ideia de que a beleza pode ser definida e medida apenas por princípios racionais, e em vez disso, enfatizaram a importância das respostas pessoais e sensoriais na apreciação estética.

> Alguma vez raciocinamos para saber se um picadinho de carne é bom ou ruim? Por acaso, alguém já se pôs a refletir, depois de ter estabelecido os padrões geométricos de cada ingrediente, as especificidades do gosto de cada um deles, definido as qualidades de cada ingrediente que entra na composição do prato, para examinar a proporção observada em sua mistura? A fim de decidir se é bom ou ruim? Não, isso nunca é praticado. Temos um sentido que nos foi dado pela natureza para distinguir se o cozinheiro agiu de acordo com as regras da arte gastronômica. As pessoas experimentam o picadinho de carne e, embora possam não ser familiarizadas com as regras, são capazes de dizer se ele é bom ou não. O mesmo pode ser dito a respeito das produções da

> mente e das imagens feitas para nos agradar e comover (Dubos, 1748, vol. II, 238-239).

Para Dubos (1748), essa conclusão só poderia ser alcançada após experienciá-las. Similarmente, Kant (1790) defende que a experiência é crucial para que um sujeito possa realmente compreender se algo é bom. No entanto, é pertinente considerar que, embora essas reflexões sejam fundamentais, elas foram formuladas no contexto do século 18, e o entendimento contemporâneo pode divergir em aspectos significativos.

Por exemplo, na sociedade atual, percebemos que nossas experiências e vivências anteriores influenciam a maneira como analisamos e avaliamos novos contextos. Pegando o exemplo do picadinho, digamos que Taís seja apaixonada pela receita porque o prato evoca memórias agradáveis de sua infância. No entanto, Taís tem uma aversão a abóboras. Ao ser servida de um picadinho com pedaços de abóbora, ela pode concluir que o prato não é bom, apesar de ter aceitado e se alegrado com a refeição inicialmente. Esse exemplo, aparentemente simples, ilustra como nossas experiências pessoais moldam nossas percepções e julgamentos. As vivências passadas e os gostos individuais desempenham um papel crucial na forma como analisamos e interpretamos situações e objetos estéticos.

Adicionalmente, nossas percepções são profundamente influenciadas por nosso entendimento de mundo e pelas construções de sentido que desenvolvemos ao longo da vida. O que pode ser considerado belo ou significativo está, portanto, imbuído de nossa bagagem cultural, histórica e pessoal. Por isso, é essencial que evoluamos no pensamento e desenvolvimento pessoal, para que não fiquemos presos a ideias arcaicas ou traumáticas que possam distorcer nossa percepção do que é apresentado a nós.

Para aprofundar o entendimento dessa complexidade, retomarei brevemente alguns pensamentos filosóficos sobre a apreciação do belo dentro dessa perspectiva estética. Esse exame nos permitirá explorar como as ideias sobre o gosto e a estética evoluíram e como nossas percepções atuais podem ser enriquecidas por uma reflexão crítica contínua.

Na Antiguidade, Platão (428 a.C.-347 a.C.) postulou que o belo está relacionado à sensibilidade, ou seja, à perfeição do mundo das ideias. Nessa perspectiva, entender o conceito de belo é considerar aquilo que é bom, justo ou verdadeiro. A beleza é idealizada e reside no mundo das ideias, sendo impossível manifestar o belo de maneira concreta. Platão vê a beleza como um reflexo da perfeição absoluta que só pode ser percebida através da razão, não da experiência sensorial.

Em contraponto, Aristóteles (384 a.C.-322 a.C.), ao discordar da idealização e do mundo sensível propostos por Platão, defendeu que os objetos possuem suas próprias ideias. Para Aristóteles, o que de fato existe é o mundo no qual vivemos, e a beleza pode ser encontrada na clareza, simetria e proporcionalidade dos objetos. Esses elementos são percebidos diretamente através dos sentidos e são fundamentais para a apreciação estética concreta.

No período medieval, Santo Agostinho (354 d.C.-430 d.C.) dialoga com as ideias de Platão, adaptando-as às suas crenças religiosas. Para ele, o belo está em tudo aquilo que se aproxima de Deus, o mundo das ideias. Assim, quanto mais próximo de Deus, mais o belo se manifesta. Em contraste, quanto mais distante dos ideais da fé cristã, mais ausência do belo será notada. Santo Agostinho considera a perfeição teocêntrica na criação do universo, com Deus sendo a origem e a fonte de harmonia, proporcionalidade e articulação de todas as coisas. O ser humano, que reflete a imagem e semelhança de Deus, é visto como o epítome dessa perfeição.

Posteriormente, Tomás de Aquino (1225-1274) faz a transposição das ideias de Aristóteles para a fé cristã. Aquino vê o belo como algo simétrico, claro e proporcional. Em sua "Suma Teológica" (II-II, 180 a2), Aquino afirma: "se dizemos que algo é belo é porque possui a claridade própria de seu gênero e porque está construído conforme as proporções adequadas; a beleza consiste em certa claridade e proporção". Tomás de Aquino associa a beleza à bondade, acreditando que o belo qualifica o ente devido à sua identidade ontológica com o bem. No entanto, essa concepção limita a apreensão do belo aos aspectos físicos como a visão e a audição, sugerindo que apenas as consonâncias e clarezas poderiam ser consideradas belas.

Com o Iluminismo, movimento cultural desenvolvido na Europa, principalmente na Inglaterra, Holanda e França, durante os séculos 17 e 18, as discussões teóricas e filosóficas que vinham sendo fomentadas desde o Renascimento deram origem a ideias de liberdade política e econômica. Immanuel Kant (1790) desafiou a ideia de que a apreciação estética poderia ser reduzida a uma análise racional. Segundo Kant, ao ouvir um poema ou assistir a uma peça teatral, se a arte não agradar ao gosto pessoal, mesmo o mais renomado crítico literário não conseguirá alterar essa percepção. Kant conclui que algumas questões são delineadas pelos julgamentos subjetivos expressos por meio do gosto pessoal e não pelos processos teóricos racionalizados acerca de estruturas e padrões (Kant, 1790, p. 165).

Em meio a essas discussões filosóficas, é relevante observar como a percepção estética e os conceitos de beleza evoluíram e se adaptaram ao longo dos séculos, refletindo as mudanças culturais e sociais. Na sociedade contemporânea, por exemplo, as percepções de beleza são frequentemente moldadas por uma combinação de influências culturais, tecnológicas e pessoais. A globalização e a era digital ampliaram o acesso a diferentes padrões de beleza, permitindo uma maior diversidade de influências, mas também gerando novos debates sobre autenticidade e idealização.

As teorias estéticas modernas muitas vezes desafiam as noções tradicionais de beleza, incorporando perspectivas mais inclusivas e multifacetadas. Teorias pós-modernas, por exemplo, questionam as normas estabelecidas e propõem que a beleza pode ser encontrada em qualquer lugar, desafiando as definições clássicas e ampliando o entendimento para incluir experiências culturais e individuais mais diversas. A crítica contemporânea também examina como fatores como gênero, raça e classe social influenciam as percepções de beleza, enfatizando a necessidade de uma abordagem mais crítica e inclusiva.

Assim, ao avaliar a beleza e a estética na sociedade atual, é crucial considerar não apenas os padrões históricos e filosóficos, mas também as complexas interações entre experiências pessoais e contextos culturais. O entendimento da beleza continua a evoluir, refletindo as mudanças na percepção social e nas práticas culturais ao redor do mundo.

Em meio a essas confabulações filosóficas, entendo que as construções de sentido sobre o que pode ou não receber o status de belo podem se relacionar tanto com conhecimentos sobre a estrutura ou a natureza dos objetos quanto com as experiências pessoais que influenciam a nossa percepção. A identificação da beleza de uma obra e o julgamento a respeito dos sabores de um prato exigem habilidades para distinguir entre aspectos intrínsecos e extrínsecos do que é posto diante dos nossos olhos. O que vemos integra parte de nossas percepções exteriores, traduzidas pela maneira como captamos e descrevemos as características sensoriais, atravessadas por nossas vivências pessoais e conhecimento de mundo. A percepção da natureza ou estrutura de algo não necessariamente implica na percepção de sua beleza. Pergunta-se, então: o belo existe objetivamente ou é apenas a projeção das mentes dos sujeitos e das heranças culturais que carregamos?

Essas reflexões e questionamentos sobre a maneira como construímos nossos julgamentos com relação ao belo estão presentes na teoria kantiana do "gosto". Nessa perspectiva, dois aspectos são fundamentais: a subjetividade e a normatividade.

Primeiramente, a subjetividade é um conceito central na teoria de Kant, que afirma que nossos julgamentos de beleza se baseiam em sensações pessoais de prazer ou desconforto em relação a um dado objeto. Segundo Kant, a apreciação estética é influenciada pelas faculdades cognitivas, como imaginação e compreensão do mundo. A atitude em relação ao objeto apreciado deve ser desinteressada; ou seja, o julgamento estético deve ser feito sem interesses pessoais ou preconceitos. A partir dessa apreciação desinteressada, surge uma ideia que gera um julgamento sobre a representação ou a percepção do objeto e como isso impacta o mundo ao seu redor. Importante ressaltar que os julgamentos estéticos carregam as intencionalidades e experiências anteriores dos sujeitos, o que significa que a percepção de beleza pode variar amplamente entre diferentes pessoas.

Em relação à normatividade, Kant (1790, p. 223) examina como as percepções sociais influenciam os julgamentos sobre a beleza. Quando um indivíduo afirma ou nega a beleza de algo, ele frequentemente espera que essa avaliação seja compartilhada por outros. Isso indica que, apesar da subjetividade, existe uma expectativa de que o julgamento estético possa ser validado universalmente, como se a beleza fosse uma propriedade intrínseca do objeto e não uma atribuição pessoal. Kant sugere que o desejo de uma validação universal reflete a aspiração de que a beleza seja reconhecida como uma característica objetiva do objeto, e não apenas uma percepção individual.

Além disso, a normatividade não só implica uma expectativa de consenso, mas também padrões culturais e sociais que moldam nossas percepções estéticas. O que é considerado belo em uma cultura pode não ser em outra, refletindo como normas sociais e tradições influenciam o nosso entendimento do belo.

Portanto, a teoria kantiana oferece uma visão profunda sobre como os julgamentos de beleza são construídos por uma combinação de experiências pessoais e expectativas sociais. A apreciação estética não é apenas uma questão de percepção individual, mas também de como essas percepções são moldadas e influenciadas pelo contexto social e cultural em que estamos inseridos.

Ampliando esse entendimento, Georg Wilhelm Friedrich Hegel (1770-1831), contemporâneo de Kant, abordou a estética de maneira distinta. Para Hegel, o belo não apenas pode ser determinado, como também pode ser racionalmente reconhecido e contextualizado. Em contraponto ao pensamento em torno da estética do sentimento e das subjetividades do gosto, Hegel postulou que o belo está ligado ao "espírito da época". Ou seja, em momentos distintos da história, o belo pode se manifestar de formas diferentes, refletindo as mudanças culturais e sociais do período.

Hegel rapidamente evidenciou que a percepção do belo não é um instinto cego ou imutável determinado pela natureza. Em vez disso, é um sentido que exige formação e desenvolvimento, e que ele denominou como "gosto". Embora o gosto seja uma capacidade de apreensão e discernimento formado, ele deve manter a qualidade de um sentimento imediato, ou seja, uma experiência estética intuitiva e direta (Hegel, 2001, p. 55).

De forma contemporânea, Umberto Eco (2013) revisita a concepção kantiana de beleza como algo estabelecido a partir de um "prazer sem interesse, finalidade sem escopo, universalidade sem conceito e regularidade sem lei" (Eco, 2013, p. 294). Eco corrobora o entendimento de Hegel ao apontar que a beleza e a feiura são criações contextualizadas no tempo e espaço, definidas por sujeitos que estabelecem tais padrões. A atribuição da apreciação de algo como belo está diretamente ligada à cultura e aos valores locais, temporais e sociais dos sujeitos. Assim, diferentes modelos de beleza coexistem ou competem em uma mesma época, refletindo a diversidade e a mutabilidade dos padrões estéticos.

A partir da obra *História da feiura*, de Umberto Eco (2007), descobri que a rejeição das diferentes formas de beleza não é uma exclusividade contemporânea. No livro, o autor revela que muitas mulheres fora dos padrões estéticos exaltados nas obras barrocas e renascentistas foram consideradas feias, acusadas de bruxaria e até mortas apenas por não se encaixarem nos padrões representados nas pinturas.

Eco destaca que, na maioria das situações, as pessoas que foram queimadas eram acusadas de bruxaria por sua aparência considerada feia. Além disso, foi inventado que, durante os rituais diabólicos, essas mulheres poderiam se transformar em figuras atraentes, mas com características ambíguas que revelariam "sua feiura interna" (Eco, 2007, p. 212).

Esses episódios perturbadores destacam como as percepções de beleza e feiura ao longo da história refletem uma interseção complexa entre estética, poder e discriminação. As mulheres que não se encaixavam nos padrões estéticos dominantes eram vistas como alvos de suspeitas e acusações infundadas, como a feitiçaria. Essa visão não só revelava um padrão estético restritivo, mas também as atitudes discriminatórias que associavam a aparência ao valor moral e ao comportamento.

Recobrando o contexto teórico discutido até aqui, nas análises das visões estéticas de Platão, Aristóteles, Santo Agostinho, Tomás de Aquino e Hegel, percebemos que a ideia de beleza sempre foi moldada por ideais filosóficos e culturais. Enquanto Platão e Aristóteles viam a beleza em termos de idealização e proporcionalidade, Hegel introduziu a noção de que o conceito de beleza está ligado ao espírito do tempo. Na era moderna, Kant focou na subjetividade do gosto, sugerindo que a beleza não é uma característica objetiva, mas uma atribuição pessoal.

Eco, por sua vez, revisita essas ideias ao argumentar que a beleza e a feiura são construções culturais e sociais, sujeitas às normas e valores de uma época específica. A citação sobre a feiura interna e a acusação de bruxaria por causa da aparência ilustra como essas construções estéticas podem ter consequências graves, revelando um sistema que marginaliza e pune aqueles que não se ajustam aos padrões estéticos dominantes.

Essa reflexão é particularmente relevante ao questionarmos como os padrões de beleza têm sido usados para reforçar desigualdades sociais e raciais. O fato de que pessoas que não atendiam aos padrões estéticos estabelecidos eram acusadas de feitiçaria destaca a conexão entre normas de beleza e práticas de controle social. A forma como o conceito de beleza foi utilizado para justificar discriminação e violência ilustra a necessidade urgente de reavaliar esses padrões e considerar a diversidade e a pluralidade das experiências estéticas como elementos essenciais para uma compreensão mais inclusiva e justa da beleza.

Esses questionamentos nos levam a refletir sobre o papel da estética na construção das identidades e das relações de poder, e a considerar como as noções de beleza e feiura são moldadas por contextos históricos e culturais específicos. Reconhecer essas dinâmicas é essencial para promover uma apreciação mais equitativa e diversificada da estética, que valorize e celebre as diferenças, em vez de perpetuar padrões excludentes e opressivos. Esse reconhecimento nos impulsiona a um esforço decolonial, começando pela decolonização de nossas mentes, que é a primeira instância para transformar olhares, corpos e territórios.

PODE O SUBALTERNO CRIAR ESTÉTICAS?

Embora não seja especificamente um pensador decolonial, a obra do filósofo francês Jacques Rancière contribui de maneira significativa para a transgressão e a superação das estruturas sociais, históricas e estéticas que são hierarquizadas e desiguais. Conceitos como colonialidade, linha abissal, zona de não ser e cosmofobia também oferecem uma compreensão mais profunda dessas estruturas de exclusão e opressão. A colonialidade, conforme definida por Aníbal Quijano (2005), refere-se à persistência das lógicas coloniais de dominação nas relações sociais, culturais e econômicas, mesmo após o fim formal do colonialismo. Essa lógica manifesta-se no que o autor chama de colonialidade do poder, do saber e do ser.

De maneira complementar, a linha abissal, proposta por Boaventura de Sousa Santos (2007), representa uma divisão radical que separa aqueles que são reconhecidos como sujeitos daqueles relegados ao que Sousa Santos denomina "zona de não ser". Esse conceito remonta às reflexões de Frantz Fanon (2020), que descreve esse espaço de desumanização e opressão ao qual as populações colonizadas foram historicamente confinadas. Além disso, a cosmofobia, discutida por Antônio Bispo (2020) [Nego Bispo], refere-se ao medo e desprezo pelas cosmologias e modos de ser dos povos indígenas e africanos, frequentemente subalternizados ao longo da história. Utilizo esses conceitos porque refletem estruturas raciais e hierárquicas que delimitam as possibilidades de ser, pensar, falar e agir. Essa reflexão se articula com a ideia de "distribuição do sensível" de Rancière (2019), que expõe a separação entre aqueles que são considerados e os que não são, resultando na distribuição desigual de algo inerentemente universal – a capacidade de pensar, falar e agir.

Assim, em cada grupo social, há os que "contam" e os que "não contam", em uma divisão que normatiza e universaliza as maneiras de ser, pensar e agir de cada grupo. Isso resulta em múltiplas formas de existência "universalizadas", mas cada uma isolada em seus próprios termos normativos. Rancière define essa organização normatizada, que diferencia quem pode ver e ser visto, como uma organização estética de cada grupo social. Ele ainda denomina essa estrutura como uma "política estética", onde, na prática, o modo de ser do grupo dominante é imposto como norma universal, apagando e silenciando as expressões e os valores dos demais grupos. Nessa política, considerada historicamente democrática e consensual, as estéticas, modos de vida e valores do grupo dominante são os únicos visíveis e válidos, reforçando a invisibilidade dos grupos marginalizados.

Menezes de Souza e Duboc (2021) discutem os conceitos de "distribuição do sensível" e "política estética", relacionando-os ao conceito de colonialidade. Para eles, essas ideias de Rancière remetem à organização estética, enfatizando a dimensão estética na distribuição desigual de modos de ser, ver e agir. A partir dessa leitura, compreende-se que, para desafiar essa distribuição de valores, é necessário promover uma ação política que descentralize a hegemonia estética e abra espaço para a convivência plural das diversas formas de expressão e subjetividade. Na contramão disso, Rancière propõe uma política orientada pela igualdade.

Nessa política, as diferentes formas de existência e expressão dos grupos, tanto dominantes quanto dominados, devem se confrontar e dialogar numa "com-vivência" dissensual, igualitária e heterogênea, sem imposições, acolhendo as diferentes estéticas produzidas por subjetividades daqueles antes marginalizados, conforme Menezes de Souza e Duboc (2021). Junto com os autores, acredito e concordo que essa abordagem de "com-vivência" dissensual é fundamental, pois reconhece a necessidade de o grupo dominante renunciar à hegemonia, permitindo a cada grupo perceber sua própria incompletude e abertura para o aprendizado mútuo.

Para substituir essa política de desigualdade e invisibilização dos grupos marginalizados, Rancière propõe uma ação política de dissenso, ou seja, uma forma de desacordo que rompe com o consenso imposto pelos dominantes e descentraliza a estética dominante. Dessa forma, uma nova convivência entre estéticas múltiplas e antes invisibilizadas passa a ser possível. Essa "convivência" dissensual não implica a rejeição ou a imposição de estéticas específicas, mas sim uma coexistência dinâmica que inclui inclusive a estética anteriormente dominante. No caso do Brasil, isso demandaria uma ação política (dissensual) que descentralizasse a estética política vigente, fruto de uma história de colonização, exclusões e racializações.

As reivindicações que apresento ao denunciar o Racismo Estético se aproximam dos conceitos de "distribuição do sensível" e "política estética", corroborando a discussão de Menezes de Souza e Duboc (2021). Compartilho com esses autores a crença de que modos de ser e pensar podem coexistir em uma relação dissensual, fundamentada na igualdade e no respeito às diferenças.

Na mesma direção, essa perspectiva me remete ao trabalho de Gayatri Spivak, especialmente em sua obra *Can the Subaltern Speak?* (1988), na qual a autora questiona se aqueles historicamente marginalizados – os "subalternos" – possuem voz para se expressar e ser ouvidos. Spivak denuncia que os grupos historicamente marginalizados e excluídos das estruturas de poder, como mulheres, povos colonizados e minorias sociais, frequentemente não têm a voz ouvida, são silenciados e/ou (mal-) representados pela perspectiva dos grupos dominantes. Assim, os subalternos enfrentam dificuldades em expressar suas experiências e subjetividades de maneira autêntica dentro dos discursos hegemônicos. Ou seja, são interpretados a partir das lentes do poder dominante, que os impede de se manifestar plena e autonomamente. Inspirando-me nesse questionamento, "Pode o subalterno falar?", eu digo: *pode o subalterno criar estéticas?* Ou, de forma mais ampla, podem as subjetividades subalternizadas partilhar do sensível e ser valorizadas em suas maneiras de ver, produzir e existir?

Toda essa discussão teórica, que está longe de ser exaustiva, ilustra a complexidade das reflexões necessárias sobre a experiência estética e seu papel como construto filosófico que tensiona nosso entendimento sobre a fragilidade subjetiva do conceito e da percepção do que é considerado belo. Por que os traços fenotípicos de pessoas negras não são considerados belos? Por que são impostas estéticas diferentes daquelas naturalmente expressas por essas pessoas? A concepção de um ideal universal de beleza dá conta da subjetividade de todos os grupos sociais ao redor do mundo?

Para iniciarmos uma reflexão sobre esses aspectos, em primeiro lugar, é necessário entender que existem questões étnico-raciais que escancaram as desigualdades arraigadas em nossa história e que precisam ser reconhecidas e levadas a sério. Portanto, abordarei no próximo capítulo algumas pesquisas que exploram o abismo existente nas relações sociais de poder e dominação em nossa sociedade, as tensões decorrentes dessas relações, e como as dissidências e dissensos se manifestam em um país marcado pela diversidade.

Encarando e desconstruindo o olhar colonizador

Me pergunta o porquê de eu não ser a pacifista
É que minha pele ocupa a maioria das covas
Psicopreta vol. 2, Monna Brutal

NESTE CAPÍTULO, SERÃO APRESENTADAS DUAS TEORIAS fundamentais para a compreensão das discussões que permeiam este livro: a Teoria Racial Crítica (TRC) e o Letramento Racial Crítico (LRC). A Teoria Racial Crítica examina como o racismo está estruturalmente enraizado nas instituições e práticas sociais, enquanto o Letramento Racial Crítico busca capacitar indivíduos a reconhecer e desafiar narrativas racistas em diferentes contextos, especialmente educacionais. A introdução dessas teorias é essencial porque elas fornecem as ferramentas analíticas necessárias para aprofundar a discussão sobre o racismo estético, suas implicações e as formas de resistência a essas práticas.

TEORIA RACIAL CRÍTICA

A TRC passou a ser estudada a partir de um viés educacional e pedagógico por meio dos trabalhos da pesquisadora Gloria Ladson-Billings (1995). Ladson-Billings é pesquisadora e professora no Departamento de Currículo e Ensino da Universidade de Wisconsin, nos Estados Unidos. Seus trabalhos no campo do desenvolvimento de currículo e da Educação Multicultural são reconhecidos internacionalmente pela alta qualidade. Segundo Ladson-Billings, a TRC propõe uma narrativa alternativa à tradicional, que se limita a apresentar os fatos de forma empírica e objetiva. Em vez disso, a TRC enfatiza a recuperação da história e da memória, considerando uma abordagem mais abrangente e transdisciplinar. Na Educação, por exemplo, são incorporadas áreas como Sociologia e Antropologia para analisar os fenômenos educacionais sob uma perspectiva crítica (Gandin, 2002).

Para a pesquisadora, as premissas que justificam essa incorporação teórica às práticas e epistemes da Educação são evidentes diante da carência de abordagens teóricas sobre o conceito de raça no campo educacional. Embora questões de classe social e gênero tenham, felizmente, recebido alguma atenção e discussão, a questão da raça e conceitos relacionados, como etnia, não receberam a mesma profundidade de análise, mesmo considerando a história escravocrata que inferiorizou indivíduos fora dos padrões fenotípicos caucasoides ou europeus.

Segundo Milner e Howard (2013), há cinco princípios fundamentais da Teoria Racial Crítica. Esses princípios foram analisados e resumidos pela pesquisadora brasileira Aparecida de Jesus Ferreira, cujos estudos sobre o tema são contínuos e se expandiram para o entendimento de uma proposta de Letramento Racial Crítico, que será apresentado na próxima seção. A seguir, uma síntese do texto apresentado por Aparecida de Jesus Ferreira acerca da TRC, em sua pesquisa: "Teoria Racial Crítica e Letramento Racial Crítico: Narrativas e contranarrativas de identidade racial de professores de línguas":

- **Intercentricidade de raça e racismo.** A TRC afirma que raça e racismo são estruturais e permanentes na sociedade dos EUA, e que o racismo interage com outras formas de opressão, como gênero, classe, sexualidade, cultura e status de imigrante.
- **Desafio à ideologia dominante.** A TRC questiona a noção de neutralidade, meritocracia e igualdade de oportunidades, apontando que essas ideias escondem desigualdades de poder e privilégio que beneficiam os grupos dominantes.
- **Compromisso com a justiça social.** A TRC trabalha para expor como os ganhos dos direitos civis foram influenciados por interesses dominantes e promove ações que visam erradicar racismo, sexismo e pobreza, priorizando a justiça social e racial.
- **Perspectiva interdisciplinar.** A TRC ultrapassa o campo do Direito, utilizando abordagens de várias disciplinas como Sociologia, Estudos da Mulher e Psicologia para entender como o racismo se manifesta em diferentes áreas e contextos sociais.
- **Centralidade do conhecimento experiencial.** A TRC valoriza as experiências vividas por pessoas de cor como fundamentais para entender a subordinação racial, utilizando narrativas pessoais e contranarrativas para transmitir essas perspectivas (Ferreira, 2014, p. 243)

A compreensão da importância de raça torna-se essencial em uma sociedade historicamente capitalista, como a do Brasil, onde, até 1889 – menos de 150 anos atrás – pessoas negras e indígenas eram consideradas propriedades de brancos escravocratas. Segundo Ladson-Billings (1998), a transição da escravização para a cidadania não foi simples e enfrentou grande resistência por parte do grupo dominante; houve muita tensão e, acrescento, tais tensões ainda persistem. A dificuldade em enxergar africanos e indígenas, outrora subjugados, como seres humanos dignos do mesmo respeito, tratamento e direitos que cidadãos brancos e dominadores ainda se reflete na intolerância com aspectos fenotípicos e culturais distintos, no apagamento das histórias de negros e negras, e na falta de equidade nas oportunidades oferecidas. Esses são apenas alguns exemplos que ilustram como as cicatrizes da escravidão permanecem indeléveis.

Nas discussões iniciais deste livro, o quinto princípio da Teoria Racial Crítica (TRC), a "Centralidade do conhecimento experiencial", será o referencial central para a análise das narrativas, relatos e entrevistas coletadas. A TRC propõe abordar essas questões ao explicitar e debater as tensões que emergem a fim de desconstruir as discriminações. Como bem pontua Ladson-Billings, "há uma outra história a ser contada", que se baseia na recuperação da história e da memória, em oposição à abordagem tradicional, empírica e estéril que simplifica os acontecimentos históricos sem questionar suas consequências duradouras.

Compreendemos que a TRC não atua de maneira isolada; ela se apoia nas contribuições de diversas disciplinas, como a sociologia, a antropologia e a história, para construir um entendimento que valoriza os saberes, a história e a representatividade dos grupos antes escravizados e dominados. Isso é particularmente relevante em ambientes historicamente elitizados e excludentes, que, por sua própria configuração, buscam manter um pensamento que inferioriza e segrega pessoas negras, indígenas ou qualquer grupo minoritário. Um exemplo claro disso pode ser observado no contexto dos povos Quéchua no Peru e na Bolívia, que enfrentam discriminação étnica e cultural por parte dos descendentes de espanhóis, minoria nestes países, mas economicamente mais abastada.

Além da questão do reconhecimento histórico, é fundamental considerar como as políticas públicas no Brasil têm abordado (ou falhado em abordar) a equidade racial. Embora as ações afirmativas, como as cotas para negros e indígenas no ensino superior, representem avanços importantes, elas ainda enfrentam resistência em diversos setores da sociedade. A TRC pode ser utilizada como uma ferramenta para questionar essas resistências e para propor soluções que efetivamente promovam a justiça racial.

Nesse sentido, a TRC também pode ser aplicada no campo da educação, onde práticas pedagógicas inclusivas podem ser desenvolvidas para questionar e combater as desigualdades raciais. A implementação de um currículo que valorize a história e a cultura de povos marginalizados é um passo fundamental para romper com a lógica excludente que permeia muitos sistemas educacionais. No entanto, isso exige uma mudança sistêmica, que passa pela formação de professores, pela criação de políticas educacionais comprometidas com a justiça racial e pelo enfrentamento das resistências que essas mudanças inevitavelmente encontrarão.

A luta pela equidade racial, como propõe a TRC, não se limita a uma esfera acadêmica ou teórica; ela deve ser prática, concreta e interseccional. A educação tem um papel central nesse processo, ao promover uma conscientização crítica sobre o passado e o presente das relações raciais no Brasil e em outras partes do mundo. Somente através da valorização do conhecimento experiencial e da integração de perspectivas históricas e sociais amplas será possível construir uma sociedade mais justa e inclusiva.

A TRC não se limita a uma única área de conhecimento, como o Direito; pelo contrário, ela se fundamenta na integração de diversas disciplinas para uma análise mais completa e crítica dos fenômenos sociais. Na Educação, por exemplo, campos como a Sociologia, a Antropologia e outras áreas afins são frequentemente incorporados para oferecer uma perspectiva crítica e multifacetada sobre as desigualdades presentes nas práticas educacionais (Gandin, 2002, p. 277). Essa abordagem interdisciplinar permite um exame mais profundo dos processos que perpetuam o racismo e a exclusão em ambientes educacionais e sociais. Assim, a TRC se mostra uma ferramenta poderosa para desconstruir essas estruturas opressivas, propondo novos caminhos que promovam a inclusão e a equidade racial.

Dessa forma, a noção de raça não pode ser simplificada ou ignorada nos debates educacionais e sociais; ela deve receber a devida atenção, considerando sua complexidade e relevância. Como afirma Gandin (2002), enquanto classes sociais podem ser observadas na hierarquia econômica, e gênero pode ser discutido em termos biológicos e de sexualidade, a raça se revela como um conceito mais fluido: "O que é considerado branco em um lugar pode não ser em outro" (Gandin, 2002, p. 280). Nesse sentido, torna-se essencial que a construção dos saberes dentro da educação se comprometa em desconstruir preconceitos que inferiorizam a história e cultura africana e diaspórica. Isso está diretamente alinhado com os princípios da Pedagogia Crítica de Paulo Freire, que busca promover a conscientização e a inclusão.

Uma prática pedagógica que valorize o reconhecimento das diferentes culturas é fundamental para que, desde cedo, as crianças desenvolvam pensamento crítico e habilidade analítica sobre o conteúdo que lhes é ensinado.

Essa abordagem fomenta questionamentos sobre a origem e a validade das informações a que são expostas, incentivando-as a buscar e compartilhar outros saberes que ampliem sua compreensão sobre as relações sociais. Assim, as crianças começam a identificar os atores sociais que exercem influência e moldam essas relações.

Além disso, essa prática pedagógica também promove a competência cultural, descrita por Ladson-Billings como a capacidade das crianças de compreender quem são, de onde vêm e como esses elementos são cruciais para seu aprendizado (Gandin, 2002, p. 282). Entender seu lugar no mundo, suas origens e culturas fortalece o processo educacional, que não apenas informa, mas também acolhe e inclui. Com isso, amplia-se o entendimento sobre questões sociais e se instaura uma maior conscientização sociopolítica, elemento chave na formação de sujeitos críticos e participativos na sociedade.

Essa abordagem crítica e criticizadora valoriza a pluralidade de vozes, bem como visa à transformação social. Por meio de uma educação que abraça a diversidade cultural, questiona-se o *status quo* e trabalha-se na criação de um ambiente onde a justiça social e a equidade são centrais. Em vez de perpetuar uma visão única e dominante da história, essa prática pedagógica promove uma educação libertadora, em que as pessoas, especialmente aquelas historicamente marginalizadas, são reconhecidas em sua totalidade. A construção de sujeitos críticos se torna, assim, o motor de transformação das estruturas de poder que continuam a oprimir e segregar, possibilitando a criação de uma sociedade mais inclusiva e justa.

Dando continuidade ao entendimento das questões socioculturais e educacionais, Gandin (2002) afirma que a consciência sociopolítica é fundamental para que os estudantes percebam que o aprendizado escolar vai além dos conteúdos curriculares, cumprindo um papel social mais amplo, pois os estudos que fazem e o que aprendem ali têm um objetivo social maior. Essa conscientização conecta-se diretamente tanto à proposta freiriana de uma educação crítica quanto aos princípios da Teoria Racial Crítica (TRC), em que o conhecimento é visto como uma ferramenta de transformação social, desafiando as hierarquias de poder e enfrentando as desigualdades raciais e sociais profundamente enraizadas.

Ao desenvolver uma consciência sociopolítica, os estudantes são capacitados a reconhecer como as estruturas sociais, raciais e econômicas influenciam suas vidas e comunidades, e como podem agir para modificar essas realidades. Assim, a educação se torna um espaço de empoderamento, em que o aprendizado não apenas informa, mas transforma, ajudando-os a entender que sua atuação no mundo pode e deve promover mudanças sociais e raciais positivas e transcender os limites físicos da escola, incitando os estudantes a refletirem criticamente sobre os padrões estabelecidos no processo educacional. A ideia é que eles questionem como essas práticas se estruturam, quem elas beneficiam, e como seus "produtos" impactam ou deixam de alcançar as comunidades externas à escola. Esse estímulo ao questionamento busca provocar a compreensão dos motivos pelos quais certas políticas e práticas excluem ou marginalizam grupos, e quais são os seus efeitos sociais e educacionais.

No Brasil, pesquisas recentes vêm examinando as relações raciais, o racismo e os estudos raciais críticos. Na área da linguagem e da linguística aplicada, diversos estudos conduzidos por autores como Ferreira (2014), Moita Lopes (2002), Pessoa e Urzêda-Freitas (2012), Souza (2011), entre outros, têm contribuído significativamente para esse campo de investigação. O impacto desses trabalhos é perceptível na forma como têm levantado questionamentos sobre a representação de pessoas negras nas políticas públicas, no sistema de cotas raciais, em universidades, concursos públicos e na mídia. Como resultado, essas pesquisas têm iluminado as assimetrias evidentes entre a representatividade de pessoas negras e brancas em espaços sociais e institucionais. Segundo Ferreira (2014, p. 240), esses estudos também têm desempenhado um papel importante na implementação de políticas educacionais e linguísticas, que consideram de forma central as questões de raça, racismo e relações raciais, promovendo a inclusão e a equidade em vários níveis.

Corroboro a relevância da abordagem da questão racial, como aponta Ferreira em seus estudos. Na mesma direção, questiono o fato de que, apesar das leis e políticas públicas que valorizam as culturas e a história dos afrodescendentes neste país, ainda é possível vivenciar racismo e exclusão social desde a educação básica até as universidades. Sou docente em um Centro Federal de Educação, lecionando para o ensino médio e para cursos de graduação em engenharia e letras. Em uma de minhas turmas, o único estudante negro não era sequer brasileiro, mas um intercambista estrangeiro. O racismo é um problema estrutural na sociedade brasileira. Casos de racismo em ambientes escolares são frequentemente denunciados; em 2019, uma notícia revelou que um estudante se recusou a receber uma atividade das mãos de uma professora da Universidade Federal do Recôncavo da Bahia (UFRB) simplesmente porque ela era negra. Ouvir essas histórias, analisá-las à luz da TRC e buscar ações que possam impactar e gerar transformações na sociedade são de extrema importância.

Essas narrativas são abordadas pela TRC, que afirma que "a realidade social é construída pela formulação e pela troca de histórias sobre situações individuais. Essas histórias servem como estruturas interpretativas a partir das quais impomos ordem na experiência e a experiência em nós" (Ladson-Billings & Tate, 1995, p. 57).

Nesse sentido, a Teoria Racial Crítica considera as narrativas e as vivências dos sujeitos como fundamentais para a compreensão das experiências individuais e da forma como a sociedade funciona e se organiza em torno dessas interações e relações sociais (Ladson-Billings, 1999, p. 219). Esse entendimento possibilita uma reflexão profunda sobre como a Educação pode desempenhar adequadamente seu papel na formação de indivíduos conscientes de suas performances sociais e de como suas subjetividades são moldadas por tensões e construções identitárias. A partir disso, o Letramento Racial Crítico se torna essencial nesse campo diversificado, plural e sempre conflituoso.

LETRAMENTO RACIAL CRÍTICO

No entendimento de Guinier (2004), o Letramento Racial é um conceito que busca compreender as experiências ontológicas, interações, relações econômicas, políticas, culturais e educacionais dos indivíduos envolvidos nas dinâmicas sociais.

Na premência e nas tensões que se estabelecem a partir desses encontros, raça ganha destaque por seu potencial como veículo de controle nessas/dessas relações sociais de poder e dominação tanto geográfica quanto econômica. Colaborando e expandindo essas discussões, advogo a favor de uma sociedade mais justa e igualitária a partir da luta, da aceitação e da mobilização de todas as identidades, sejam elas brancas ou negras. A reflexão e o combate ao racismo não cabem apenas às pessoas negras. É necessário que a sociedade se empenhe nesse front. Esse trabalho pode ser realizado com o fomento da criticidade no contexto escolar de maneira transdisciplinar desde as ciências exatas às humanas, pois nenhuma área está isenta da responsabilidade de formar cidadãos críticos e reflexivos quanto à forma como o racismo está enraizado na sociedade. Assim, compreendo e corroboro o entendimento desses autores sobre a importância da apropriação e da aplicação do Letramento Racial Crítico (LRC) nas práticas docentes, abrangendo recursos pedagógicos capazes de envolver os estudantes, a comunidade escolar e suas famílias.

Em síntese, a Teoria Racial Crítica e o Letramento Racial Crítico oferecem ferramentas essenciais para a análise e a transformação das relações sociais e educacionais, destacando a importância da inclusão das experiências e narrativas dos sujeitos marginalizados. Ao integrar a TRC à prática pedagógica, é possível reconhecer e enfrentar o racismo estrutural que persiste na sociedade, mesmo com a existência de políticas públicas que visam promover a equidade.

Ao fomentar uma abordagem educacional que valorize as diferentes culturas e perspectivas, e ao incorporar o Letramento Racial Crítico nas práticas pedagógicas, os educadores têm a oportunidade de construir uma sociedade mais justa e inclusiva. A educação deve, portanto, ser um espaço de transformação e resistência, onde a conscientização sociopolítica é promovida e a luta contra o racismo é sustentada por todos os membros da sociedade.

Além disso, é fundamental que essas práticas e reflexões não se limitem ao ambiente escolar, mas se estendam a todas as esferas da vida social. Isso envolve um compromisso coletivo com a justiça social e a igualdade, assegurando que as iniciativas educacionais se conectem com políticas públicas e ações sociais que promovam a equidade racial e cultural.

Portanto, ao encerrar este capítulo, reafirmo a necessidade de uma prática educativa que seja não apenas reflexiva, mas também ativa e transformadora. As discussões e análises apresentadas ao longo deste texto visam contribuir para a construção de um futuro em que as diversidades sejam respeitadas e valorizadas, e todos os indivíduos tenham a oportunidade de contribuir e prosperar em uma sociedade verdadeiramente igualitária.

A busca por justiça racial é um esforço contínuo e coletivo, e a educação desempenha um papel central nesse processo. É através da reflexão crítica e da ação consciente que podemos avançar na direção de uma sociedade mais inclusiva cujas histórias e experiências de todos os indivíduos possam ser reconhecidas e respeitadas.

Aquele do cabelo de bombril?

E nem venha me dizer que isso é vitimismo
Não bota a culpa em mim
pra encobrir o seu racismo.
Cota não é esmola, Bia Ferreira

PARA A GERAÇÃO DE DADOS, FOI UTILIZADO O REFERENCIAL teórico da pesquisa narrativa de Clandinin e Connelly (2000), Norton (2011) e Milner (2013). Estas foram geradas a partir de uma *survey* realizada online por meio da plataforma Google Forms nos meses de janeiro e fevereiro de 2020. A divulgação do formulário para coleta de dados ocorreu em ambientes virtuais de páginas e comunidades no Facebook, cuja temática estava centrada em discussões raciais e culturais afro-brasileiras; as páginas foram: Africanize, Negras, Filhos e Filhas de Oxum, além da colaboração de respondentes que compartilharam o link para acesso ao formulário. As perguntas feitas para o estudo foram:

1. Você percebe alguma pressão da sociedade para que os negros e negras usem os seus cabelos de alguma maneira específica, por exemplo, no estilo ou corte? Há algum estereótipo ou ideia geralmente associada a algum tipo deles (corte, cor, formato, estilo)? De qual maneira? Como isso ocorre?

2. Na sua opinião e independentemente de você ser homem ou mulher, como geralmente é vista a questão do cabelo crespo masculino que não é raspado? E, se o homem/rapaz opta por descolorir o cabelo e usá-lo loiro, vermelho ou de outra cor, por exemplo, como isso é visto na sociedade?
3. Você já sofreu ou presenciou, na escola, bullying/preconceito ou ouviu comentários racistas (disfarçados de piada) por conta dos seus cabelos crespos ou em relação aos cabelos crespos de alguém? Poderia compartilhar o que houve, quando, como foi e qual foi a sua reação?
4. Você acha que a abordagem/discussão a respeito de questões referentes ao fenótipo negro deveriam ser feitas nas escolas de educação básica? Por quê?

As experiências coletadas a partir dessas perguntas foram apresentadas como narrativas autobiográficas, que são relatos pessoais e detalhados sobre as experiências vividas pelos respondentes. Essas proporcionam uma compreensão profunda e subjetiva dos eventos e sentimentos relacionados ao racismo e à estética racial. Elas foram essenciais para a análise das múltiplas dimensões do racismo, incluindo a imposição estética e os preconceitos associados aos cabelos, pele e outros traços negroides.

As narrativas autobiográficas oferecem uma perspectiva rica e única sobre como os participantes vivenciam e percebem o racismo em suas vidas diárias; destacam as imagens associadas aos negros e negras que desafiam os padrões impostos e revelam as ideologias e construções identitárias fortalecidas pela aceitação e pelo uso dos cabelos naturais. Esses relatos evidenciam a necessidade urgente de uma abordagem pedagógica que integre o

Letramento Racial Crítico (LRC) ao processo educativo, promovendo a conscientização e o combate ao racismo estético.

Além disso, surgiram questões adicionais relacionadas às expressões artísticas e outros aspectos das subjetividades de pessoas negras. Para explorar essas novas possibilidades, foram conduzidas entrevistas específicas com participantes que se dispuseram a expandir suas respostas e a comentar suas experiências, fornecendo uma visão mais abrangente e detalhada sobre o impacto das experiências narradas.

Aviso aos leitores: as narrativas escritas pelos respondentes da pesquisa foram reproduzidas exatamente como foram submetidas, sem qualquer alteração em seu conteúdo. Optei por transcrever diretamente as falas dos participantes, evitando edições que pudessem distorcer suas vozes. Essa escolha reflete meu compromisso em dar espaço para que eles expressem suas experiências e percepções sobre como o Racismo Estético se entrelaça nas práticas sociais, instituições e estruturas sociais. Ao fazê-lo, permito que suas histórias e reflexões ecoem, estabelecendo um diálogo autêntico. Essa prática se torna um ato de resistência, um espaço onde as vozes muitas vezes silenciadas podem ser ouvidas.

A partir dessas falas, busco refletir sobre como as experiências ontológicas – aquelas relacionadas às apreciações estéticas e sensoriais que moldam nossa percepção de mundo – e epistemológicas – que envolvem o conhecimento e a forma como construímos entendimentos sobre nós mesmos e o outro – emergem nesse espaço de subalternidade. Para mim, a subalternidade não representa um estado de inferioridade, mas sim uma posição de resistência e construção de sentido. É um lugar onde posso articular o que vejo e ouço, ecoando as experiências de meus semelhantes.

Gayatri Chakravorty Spivak, ao discutir o conceito de subalternidade, ressalta que os subalternos são aqueles que não têm voz nas narrativas dominantes e cujas experiências são frequentemente silenciadas. Para ela, a subalternidade não deve ser vista como um estado de inferioridade, mas como uma posição política que demanda uma crítica das estruturas de poder que perpetuam esse silenciamento. É um espaço de luta onde, mesmo sem um poder convencional, as vozes podem e devem ser ouvidas e verdadeiramente representadas.

É fundamental compreender que o conceito de "representação" possui duas dimensões: a de "falar em nome de" (representação política) e a de "fazer-se representar" (representação simbólica ou imagética). Spivak questiona a viabilidade de representar os subalternos, pois as barreiras ideológicas e estruturais frequentemente tornam suas vozes inaudíveis. Assim, ao optar por transcrever as falas diretamente, busco não falar em nome dos participantes, mas sim criar um espaço onde suas vozes possam se manifestar livremente. Este é um passo crucial para desafiar as narrativas dominantes e dar visibilidade às realidades que frequentemente permanecem à margem.

Com essa abordagem, espero contribuir para um diálogo mais amplo sobre o Racismo Estético e suas implicações, permitindo que as experiências e reflexões dos participantes se tornem não apenas um testemunho de suas realidades, mas também uma base para futuras discussões e práticas transformadoras.

Primeiramente, ao serem perguntados sobre a percepção acerca de uma possível pressão social para que os negros e negras usem os seus cabelos de alguma maneira específica e se haveria algum estereótipo geralmente associado a alguma delas, os respondentes foram unânimes ao identificar essas pressões. A saber,

Sim. Ainda há muita pressão sobre o cabelo ter que ser liso (social, midiático ou pessoal), mas também, hoje, existe a pressão por cacheado perfeito ou o corte mais bonito. Não há liberdade para se ter seu cabelo natural realmente, ele precisa estar arrumado de acordo com os padrões que vão sendo estipulados. O assédio é constante. Basta ver as propagandas de televisão que nos impulsionam a mudar e adquirir produtos que garantam essa "transformação". (R.1)

Ultimamente tenho percebido que grande parte das pessoas falam como se pessoas negras fossem obrigadas a usarem Black Power, porém quando alguma pessoa negra usa Black Power ou outro tipo de penteado cultural, como dreads por exemplo, essas sofrem preconceito. Assim eu vejo que de uma maneira ou de outra a sociedade acaba por reproduzir um preconceito para com pessoas que não usam o cabelo liso. (R.2)

Ah! Com toda certeza. Principalmente, para que as mulheres mexam na estrutura de seus cabelos e homens usem o estilo raspado. Quando eu trabalhava em banco pessoas pediam para não deixar ficar com muito volume. Uma vez uma colega de serviço me criticou falando para dar um jeito no cabelo que estava parecendo a mãe d'água. (R.3)

Um aspecto importante a ser retomado, antes de passarmos à análise das narrativas, é o entendimento do conceito de raça e da construção da identidade negra. Esse processo envolve tanto as nossas percepções individuais como negros acerca de nós mesmos, nossas estéticas, corpos e traços fenotípicos que nos definem como sujeitos, quanto a imagem pessoal que construímos a partir de nossas subjetividades e do olhar dos outros sobre nós. É natural que o contato com o diferente ou com aspectos não identificados como semelhantes às próprias vivências possa gerar conflitos. Nesse contexto, o cabelo, o tom de pele e o corpo são vistos através das lentes culturais, adquirindo significados que vão além do que é visivelmente observado, influenciando como interpretamos e atribuímos valor a esses aspectos.

A TRC sugere que as identidades culturais são formadas e reforçadas através de símbolos e práticas que são constantemente negociados e reconfigurados dentro de uma sociedade. Os cabelos crespos e o corpo negro, como "expressões e suportes simbólicos" das identidades negras, são exemplos claros dessa teoria, pois permitem uma análise dos aspectos culturais, sociopolíticos e ideológicos que definem a noção de beleza negra dentro da comunidade negro-brasileira. A TRC enfatiza como esses símbolos são carregados de significados que refletem e reforçam relações assimétricas de poder e dominação.

O LRC, por sua vez, amplia essa discussão ao se concentrar na capacidade dos indivíduos de interpretar e responder criticamente às representações culturais e sociais relacionadas à raça, ao passo que elaboram um discurso acerca de si mesmos. O LRC envolve a habilidade de reconhecer, analisar e questionar as normas e os padrões raciais estabelecidos, além de promover uma reflexão profunda sobre a forma como as identidades e estéticas são moldadas e representadas. No caso dos homens negros que optam por usar o cabelo crespo natural ou colorido, o LRC pode ser uma ferramenta valiosa para compreender como esses indivíduos negociam suas identidades em um contexto que frequentemente impõe normas estéticas rígidas e preconceituosas. A pressão social para conformar-se aos padrões estabelecidos, que frequentemente excluem ou marginalizam o cabelo crespo ou colorido, reflete uma falta de criticidade e empatia com relação à diversidade étnica, racial e cultural.

Esse olhar possibilita a compreensão da identidade negra como um processo evolutivo, desenvolvido ao longo do tempo em uma sociedade brasileira profundamente marcada pela discriminação racial e por preconceitos em relação aos aspectos culturais e heranças afro-brasileiros. A noção de democracia racial, por exemplo, é uma falácia que alimenta essas discriminações. Assim, as construções sociais ocorrem a partir do diálogo, das interações, dos contrastes e, por vezes, dos conflitos com o outro. Conhecemos quem somos porque conhecemos quem o outro é. Essas identidades não são estáticas; elas são moldadas por um processo dinâmico que constantemente redefine o que sabemos sobre nós, pessoas negras, nossas histórias, ancestralidade e cultura no contexto da diáspora africana.

No caso específico dos homens negros, observou-se uma grande negatividade e rejeição em relação aos que optam por usar o cabelo crespo de forma natural e volumosa, ou que escolhem descolorir ou pintar o cabelo de loiro, branco ou qualquer outra cor diferente do preto ou castanho escuro.

Na Questão 2, constatamos vários adjetivos utilizados para desqualificar o indivíduo com base na estética por meio da qual se apresenta. A saber,

Passados como homens sem cuidado... fúteis. Moleques. Meu irmão é negro e ele passou a sofrer ainda mais racismo quando deixou o cabelo grande. Ele estuda no ITA e com o cabelo grande passou a usar o estilo black power. As pessoas sempre se surpreendem porque ele é inteligente. Acham que, por conta do cabelo dele, ele é marginal ou tem baixa escolaridade. (R.1)

O cabelo crespo que não e raspado o Black Power (esse nome com certeza me define) é tido como cabelo sujo. Isso se intensifica quando o cabelo e do tipo 4a, 4b, e 4c. Os preconceituosos acham que se o negro quer ter cabelo comprido deve alisar, e que cabelo crespo para ser aceito deve ter cachos perfeitos e baixos. Já o homem favelado que descolore seu cabelo é visto como alguém que vive às margens da sociedade, um bandido. A ponto de terem seus cabelos pintados pela polícia criminosa com latas de spray. Mas se um branco descolore seu cabelo e legal, bonito e estiloso. (R.2)

A sociedade racista pressiona o homem negro a raspar a cabeça e obviamente a não pintar. Homens que deixam seus cabelos maiores são constantemente marginalizados pela sociedade. No caso do cabelo crespo masculino, na maioria das vezes a sociedade enxerga o homem com esse estilo como "suspeito", "bandido" etc. A representatividade do cabelo, erroneamente, transmite uma negatividade em relação a pessoa que o usa. A sociedade ainda não aprendeu a tolerar o que foge aos padrões da dita "normalidade". (R.3)

A adjetivação de homens negros com os termos "bandido", "suspeito", "sujo", "descuidados" explicita a rejeição da estética negra e a discriminação vivenciada por esses respondentes ao mesmo tempo que denuncia o alijamento do direito à liberdade sobre os seus corpos e a pressão social para que normas estéticas sejam seguidas pelo povo negro. "A ponto de terem seus cabelos pintados pela polícia criminosa com latas de spray. Mas se um branco descolore seu cabelo é legal, bonito e estiloso", o cabelo do negro visto como "ruim", "duro", "de bombril", como nos casos citados no início deste livro, são a mais profunda rejeição petrificada da aparência de pessoas negras e como a desigualdade racial com a qual pessoas negras precisam lutar e a elas sobreviver todos os dias.

Quando o cabelo do negro é atacado pela polícia ou por outras pessoas que o classificam pejorativamente, o cabelo de pessoas brancas e seus padrões raciais passam a ser compreendidos como o correto ou o adequado para todos. Essas questões definem uma zona de confronto que tensiona aspectos inerentes à construção identitária e imagética acerca de si e suas próprias estéticas. Se o cabelo crespo é inferior, logo, preciso fazer algo para que ele seja considerado "normal" para que seja aceito, como raspar a cabeça ou manter os fios bem aparados. Por isso, para pessoas negras, o cuidado com o cabelo não se restringe ao campo estético ou da vaidade; engloba o cultural, ideológico e marca a identidade desse sujeito e como é visto pela sociedade.

A relação entre o LRC e o contexto apresentado se manifesta na forma como a estética negra é desafiada e desvalorizada por padrões brancos. O LRC oferece uma lente para analisar como essas pressões estéticas não são questões superficiais, pois refletem um sistema racial mais amplo que marginaliza e exclui. Da mesma forma, a TRC ajuda a compreender como essas normas estéticas e culturais são construídas socialmente e como são moldadas pelas dinâmicas de poder e dominância.

Penso que a construção dessas identidades é viabilizada por meios diferentes dependendo de cada cultura. No cenário brasileiro, por exemplo, o tom de pele e a curvatura dos cachos dos cabelos de alguém são consideradas mais significativas e são as primeiras características analisadas em processos de heteroidentificação racial. Quando as expectativas estéticas de pessoas brancas a respeito de como os negros devem usar seus cabelos não são satisfeitas, a tensão gera conflitos.

Na Questão 3, os sujeitos relataram suas experiências com o racismo ou bullying durante a vida escolar.

Sofri muito na minha época e hoje, passados mais de 30 anos, continuo sofrendo ao ter conhecimento que as meninas e meninos continuam enfrentando o mesmo problema. Minha vizinha fez sua transição com 11 anos. Alisava o cabelo desde os dois aninhos de idade. Hoje usa tranças que é um passo para completar a transição. Ver suas notas caindo, sua tristeza diária bem como sua recusa em ir à escola era de partir o coração. (R.1)

Sim. Durante o meu ensino fundamental, vários foram os professores e professoras que faziam piadas. O meu sangue sempre "ferveu" e eu ficava com raiva, mas nunca tive coragem de responder ou fazer alguma coisa porque não tenho muita paciência para dialogar com esse tipo de gente. Fora que para mim, esse tipo de pessoa tem que ser espancada mesmo. Meus pais sempre me ensinaram a "não dar o meu direito para o outro", ou seja, nunca errar

E SEMPRE FAZER O "CORRETO" E SEGUIR AS LEIS, MESMO QUE ALGUMAS DELAS SEJAM FALHAS. FALEI DISSO PORQUE NUMA SITUAÇÃO COMO ESSAS DE RACISMO, EU FACILMENTE PARTIRIA PARA A AGRESSÃO SEM PENSAR DUAS VEZES. ESSAS PIADAS NEM SEMPRE SÃO PIADAS E MACHUCAM MUITO. E MESMO QUE SEJA "PIADA" DE FATO, EU ACHO QUE ELAS NÃO SE ENCAIXAM EM QUALQUER LUGAR E DEVE SE PENSAR MUITO ANTES DE COLOCAR ISSO PARA FORA DA BOCA. (R.2)

EU SOFRI RACISMO NA ESCOLA SÓ QUE NÃO FOI NEM DISFARÇADO DE PIADA, ELE FOI DIRETO E BEM EXPLÍCITO. EU ESTAVA NA AULA DE INFORMÁTICA OBRIGATÓRIA DA ESCOLA POR VOLTA DOS MEUS 8/9 ANOS E ESSA AULA ERA EM DUPLA, EU TENTEI ENSINAR A MINHA DUPLA COMO SE FAZIA A TAREFA, ELA SE VIROU PRA MIM E RIU DIZENDO: "OLHA PRA VOCÊ GAROTA! VOCÊ É PRETA, SEU CABELO É FEIO, VOCÊ PARECE UM BICHO. ACHA QUE VAI SABER MAIS DO QUE EU?" EU CHOREI. A PROFESSORA ME PERGUNTOU O QUE HAVIA ACONTECIDO, DEPOIS DE CONTAR TODA A HISTÓRIA A PROFESSORA, FUI LEVADA PARA A DIRETORIA. A DIRETORA FALOU QUE IA MANDAR UM BILHETE PARA A MÃE DA OUTRA ALUNA E PEDIU QUE ELA ME PEDISSE DESCULPAS. ESSA MENINA FEZ COMENTÁRIOS PIORES DEPOIS DE SAIRMOS DA DIRETORIA E NAS PRÓXIMAS DUAS AULAS DE INFORMÁTICA. EU SEMPRE CONTAVA OS OCORRIDOS PARA A DIRETORA E NA QUARTA AULA DE INFORMÁTICA, EU JÁ FUI PREPARADA PARA OUVIR OFENSAS E A MENINA NÃO ESTAVA, MAIS TARDE DESCOBRI QUE ELA HAVIA SIDO EXPULSA DA ESCOLA. (R.3)

JÁ SOFRI E AINDA SOFRO PRECONCEITO POR CAUSA DO MEU CABELO. NA ESCOLA, PARA SER ACEITO EU ALISAVA O CABELO E COMPRAVA UM ALISANTE EXTREMAMENTE AGRESSIVO. COM ISSO, TIVE MUITAS QUEIMADURAS (PORQUE nós negros temos o couro cabeludo sensível) tive muita perda de cabelo e calvície precoce. Achava que quanto mais liso meu cabelo mais bonito eu ficava. Uma vez alisei o cabelo e fiz em seguida uma progressiva além de passar mal com o cheiro do formol fui orientado a ficar 3 dias com o produto no cabelo. Quando lavei a cabeça todo meu cabelo saiu em minhas mãos e tive que cortar todo o cabelo. (R.4)

Desde a infância. Porém relatarei algo que ocorreu há alguns anos quando eu já era docente da Educação Superior. Eu usava tranças raiz e depois trança solta. Quando decidi cortar o cabelo, um colega comentou que estava bonito. Eu, então, disse que estava bonito e prático, pois bastava lavar e secar e que eu lavo a cabeça todos os dias, por hábito. Ele fez um sorriso irônico e disse assim: "Mas com esse seu cabelo não tem como só lavar, né!". Eu respondi que "com esse meu dá". (R.5)

Sim, na escola e no ambiente de trabalho. Quando uso tranças percebo que as pessoas me olham diferente e algumas até comentam. Quando usei dreads me perguntaram quando eu iria tirar "isso", se eu ficaria muito tempo com "isso" no cabelo. Já uma amiga branca que também usava na mesma época era sempre elogiada pelo "estilo diferente". (R.6)

Sempre sofri desde quando estudava. me chamavam de cabelo de bombril. depois na faculdade: "nossa seu cabelo é macio e cheiroso!" e ano passado sofri quando ouvi que meus alunos estavam dizendo: "lá vem a professora do cabelo ruim" e uma aluna veio me abraçar e falou nossa que cabelo cheiroso... mas

COM AR ARROGANTE ENTÃO FALEI VOCÊ ACHOU QUE CABELO DE NEGRO É FEDIDO? (R.7)

As narrativas de experiência dos respondentes mapeiam que a intolerância com relação às estéticas negras também pode ser rastreada até o ambiente escolar. Nas interações entre estudante x estudante: "Eu tentei ensinar a minha dupla como se fazia a tarefa, ela se virou para mim e riu dizendo: – olha pra você garota! Você é preta, seu cabelo é feio, você parece um bicho. Acha que vai saber mais do que eu?"; professor x estudante: "Sim. Durante o meu ensino fundamental, vários foram os professores e professoras que faziam piadas. O meu sangue sempre ferveu e eu ficava com raiva"; estudante x professor: "Estavam dizendo lá vem a professora do cabelo ruim".

A crueldade e a rejeição das estéticas negras podem ser identificadas em cada uma dessas narrativas. A adjetivação pejorativa, a bestialização dos negros e a negação da liberdade de expressão corroboram a necessidade da discussão e da desconstrução das imposições que são feitas sobre os corpos negros e tudo que isso representa e acarreta.

No ambiente escolar, a práxis docente precisa ativar e construir a criticidade dos estudantes. Aqui, a aplicação do LRC nas abordagens pedagógicas pode ser um caminho para que essa valoração baixa de elementos e características oriundos das culturas e estéticas afro-brasileiras e concernentes aos fenótipos negroides seja revertida e passe a ser respeitada e naturalizada.

Do ponto de vista da luta antirracista, é essencial identificar e combater o discurso de ódio que perpetua preconceito e estigmatizações, reforçando a necessidade de um enfrentamento ativo dessas práticas. Assim, o apelo a uma Educação que não ignore essas tensões e casos comuns no ambiente escolar precisa ser enfocado. A segunda parte da experiência narrada por R.7 mostra uma das atitudes que podem ser tomadas para que a disseminação da intolerância e dos preconceitos carregados de estigmatização sejam combatidos. Termos pejorativos e adjetivos depreciativos são usados para reforçar esses estereótipos e marginalizar esses grupos. A escolha de palavras como "bicho" e "cabelo feio" nas interações relatadas evidencia essa tentativa de desumanizar os indivíduos negros e anular sua dignidade.

Na contramão dessas palavras, o LRC promove a conscientização sobre a importância da linguagem na construção e na desconstrução desses estigmas. Ao incorporar uma abordagem crítica ao ensino da língua e da cultura, o LRC pode ajudar os estudantes a questionarem a linguagem discriminatória, educá-los racialmente e fomentar o respeito e a valorização à diversidade cultural, étnica, racial e estética. Em sala de aula, atividades que exploram a linguagem e sua influência nas percepções sociais podem ajudar no desenvolvimento de uma consciência crítica sobre o impacto das palavras e a promoção de um ambiente de respeito e inclusão.

A educação que integra o LRC busca a conscientização, bem como a transformação das práticas e das atitudes em relação às diferenças. A implementação do LRC nas abordagens pedagógicas não se limita a discutir o racismo, mas também pretende empoderar os alunos a atuar contra ele e a construir uma identidade positiva e afirmativa.

A prática pedagógica que incorpora o LRC pode incluir a utilização de materiais didáticos que abordem a diversidade racial de forma positiva e enriquecedora. Atividades que promovam o estudo de culturas afro-brasileiras e que celebrem personalidades negras podem servir como um antídoto eficaz contra o veneno do racismo. Ao incluir no currículo atividades que valorizem as contribuições científicas, culturais, estéticas, filosóficas e a beleza dos povos e identidades negras, os educadores podem transformar a forma como os alunos percebem e interagem com a diversidade racial, incentivando um engajamento mais respeitoso e inclusivo.

> [...] Conversei com a pedagoga e outros professores que se revoltaram com a atitude dos alunos e levei um texto explicando sobre cabelos principalmente dos negros em seguida levei livros explicando a importância da identidade, fizeram pesquisa sobre personalidades negras brasileiras, e fizeram uma oficina com a boneca Abayomi.(R.7)

A ação da professora e das pedagogas, conforme relatado em R.7, alinha-se diretamente com os princípios do LRC. Ao abordar a questão dos cabelos negros e promover atividades educativas sobre a identidade e a importância das características afro-brasileiras, essas profissionais estão utilizando estratégias que valorizam e respeitam a diversidade étnico-racial. A utilização de textos explicativos, livros e oficinas relacionadas à identidade negra educa os alunos sobre a importância da diversidade, e combate a discriminação e as intolerâncias promovendo uma compreensão mais profunda e respeitosa das características culturais e raciais.

Quando a sociedade brasileira deslegitima a beleza encontrada nos traços físicos de pessoas negras e rechaça sua beleza, ela corrobora proposições e julgamentos racistas em relação a essas pessoas e à sua relevância étnico/racial.

Desde a abolição formal da escravidão no ano de 1889, no Brasil, pessoas negras têm enfrentado grandes desafios para serem inseridos e aceitos em espaços sociais, antes acessados apenas por pessoas brancas. Essas relações assimétricas de poder e dominação social ficam evidentes em vários contextos. Um exemplo atual é o fato de pessoas brancas serem escolhidas para atuar em papéis escritos para pessoas negras em filmes e novelas.

No ano de 2019, estreou na televisão brasileira a novela "Bom Sucesso". Nela, a protagonista era uma costureira viúva que nas horas vagas frequentava a quadra da escola de samba de sua comunidade. Mãe de três filhos, Paloma – a personagem – trabalhava muito e desde sempre batalhou para criar seus filhos sozinha. No carnaval, Paloma se envolvia nas confecções de fantasias produzidas pelas mulheres da comunidade em que vivia. Acompanhei a novela por algumas semanas. Desisti quando entendi que aquela história se parecia com as histórias de várias mulheres que conheci, inclusive na comunidade onde nasci. Mas não foi a proximidade com o real que me fez parar de acompanhar a telenovela, foi o fato de que todas as mulheres que conheço em situação parecida àquela serem negras, enquanto a atriz escolhida como protagonista foi uma mulher branca, loira e de olhos claros.

Na trama, o primeiro homem com o qual Paloma se envolveu era negro. O relacionamento não foi adiante, pois ele a abandonou para tentar uma carreira esportiva no exterior. O núcleo no qual a personagem estava inserida era majoritariamente composto por pessoas negras, em papéis secundários: o namorado, a família dele e amigos da comunidade. Dos três filhos de Paloma, apenas o papel de Alice foi interpretado por uma atriz negra, os demais por atores brancos. Na história, a presença de Paloma em lugares ocupados por negros (comunidade, barracão da escola de samba etc.), parece não causar quaisquer estranhamentos àquela comunidade, tampouco ao núcleo branco da novela, que passa a ser frequentado por Paloma no decorrer da trama. Nele, a personagem é acolhida e ganha destaque junto a outras pessoas brancas e de traços europeus. Curiosamente, a atriz escolhida para o papel da personagem Paloma estreou sua carreira naquela emissora no ano de 2006.

Observe a descrição de outra pessoa que estreou um ano antes, 2005, na mesma emissora. Em sua página pessoal, lemos informações sobre o seu portfólio artístico: atriz, modelo, cantora e coroada rainha de bateria de uma escola de samba do Rio de Janeiro, no ano de 2013. Essa profissional é negra. Apesar da diferença mínima entre o início de suas carreiras, em 2005 e 2006, respectivamente, Cris Viana e Grazi Massafera apresentaram uma discrepância significativa no número de seguidores em suas redes sociais.

Na primeira edição deste livro, em 2020, Cris Viana contava com 2,3 milhões de seguidores, enquanto Grazi Massafera possuía 22,6 milhões. Ao revisar esses números para esta segunda edição, em 2024, observei que Cris Viana passou de 2,3 milhões para 2,5 milhões de seguidores, enquanto Grazi Massafera saltou de 22,6 milhões para 25,7 milhões. Assim, Cris Viana apresentou um crescimento de aproximadamente 8,7%, enquanto Grazi Massafera registrou um aumento de cerca de 13,7% em quatro anos. Isso significa que o número de seguidores de Grazi é **928%** mais alto.

Preciso comentar alguma coisa? Imagine as inúmeras campanhas publicitárias, milionárias, que esses números possibilitam à Grazi! Por falta de dados concretos sobre isso, deixarei apenas uma provocação:

quantas mulheres negras têm sua beleza estampando campanhas publicitárias de marcas que têm poder de influência sobre a sociedade? Quantas propagandas de joias? De bancos? De carros? De relógios? De shoppings centers? De grifes de luxo? Quantas você já viu? Esses números são simétricos?

Exemplo mais recente é a novela do horário das 18h intitulada "Garota do momento", que estreou na TV Globo em 4 de novembro de 2024 e é protagonizada por uma personagem negra, a atriz Duda Santos, e ambientada no final da década de 1950. Isso sinaliza um avanço na representatividade negra na teledramaturgia brasileira, mas a trajetória da atriz e os números que a cercam evidenciam que a desigualdade racial ainda impõe barreiras significativas. Mesmo sendo a protagonista de uma novela em horário nobre, Duda Santos possui 461 mil seguidores no Instagram (dados de março de 2025), um número consideravelmente inferior ao de atrizes brancas que ocuparam papéis centrais em produções televisivas. Esse dado reforça o argumento de que, mesmo quando há um espaço para a presença negra, o alcance e o impacto midiático dessas figuras ainda são desproporcionalmente menores em comparação aos de suas colegas brancas.

A visibilidade conquistada por artistas negras muitas vezes não se traduz em oportunidades equivalentes no mercado publicitário e no reconhecimento público. Essa discrepância numérica não é apenas um reflexo da popularidade individual, mas sim um sintoma de um sistema que ainda privilegia corpos e rostos brancos como símbolos de beleza, sucesso e aceitação social. O fato de Duda Santos ser a protagonista de uma novela não garante que sua imagem será amplamente difundida em campanhas publicitárias ou que ela receberá convites para papéis de destaque em outras produções.

A trajetória de outras atrizes negras na televisão brasileira já demonstrou que, mesmo após protagonizarem novelas de sucesso, a continuidade de suas carreiras não é assegurada da mesma forma que acontece com atrizes brancas, cujas oportunidades se expandem para cinema, publicidade e contratos longos com emissoras. Além disso, a construção narrativa dentro das próprias novelas pode reforçar hierarquias raciais e manter personagens negros em posições de subalternidade simbólica, ainda que estejam em papéis centrais.

A forma como a personagem de Duda Santos é inserida na trama e a maneira como suas relações são representadas podem revelar sutilezas do racismo estrutural na dramaturgia brasileira. Um exemplo claro dessa questão é a forma como certos estereótipos são atribuídos a personagens negros e brancos de maneira desigual. O homem negro muitas vezes é retratado como violento e perigoso, enquanto personagens brancos com comportamentos similares podem ser complexos ou até justificados por um contexto. Da mesma forma, uma mulher negra que comete um crime, como furto, pode ser reduzida ao papel de "ladra", enquanto uma mulher branca na mesma situação pode ser retratada como "madame cleptomaníaca da novela das nove", sugerindo uma compulsão ou problema psicológico. O mesmo ocorre no universo do tráfico: enquanto o traficante branco pode ser representado como um estrategista ou empresário do crime, o traficante negro frequentemente é apenas um criminoso sem nuances.

Essas diferenças demonstram como o protagonismo negro, quando ocorre, ainda enfrenta limitações e vieses que não afetam personagens brancos com a mesma intensidade. Dessa forma, a presença de uma atriz negra como protagonista não significa necessariamente uma ruptura com as estruturas racistas que moldam a mídia e o entretenimento no Brasil. Os números de seguidores e o impacto de sua carreira pós-novela serão indicativos importantes para entender se essa representatividade resultará em mudanças concretas ou se será apenas mais um caso isolado de um tímido avanço seguido por estagnação.

Papéis escritos sobre situações que retratam realidades mais próximas às vividas por negros e negras, mas que são ofertados a atores brancos, também não são novidade. O mesmo ocorre com os indígenas e os sertanejos, por exemplo. Mulheres brancas que são maquiadas para parecerem indígenas, ao invés de serem interpretados por atrizes ou atores indígenas. Há uma negação da beleza do não branco. A mensagem (não mais) sutil que capto é: outras estéticas não são bem-vindas, especialmente a negra. A negação da estética negra reflete uma preferência contínua pelo padrão eurocêntrico como ideal de beleza. Quando, na realidade, a beleza negra traz consigo matizes de maravilhosos e múltiplos tons do claro ao mais retinto, texturas, cachos e estéticas que são ignoradas para que o padrão eurocêntrico continue estabelecido como o desejável, o belo e o normal. Essa negação é sustentada por uma estrutura de poder que valoriza certos padrões estéticos e marginaliza outros, perpetuando assim desigualdades sociais e raciais.

Outro fato, recente, e que causou uma grande polêmica foi a surpresa diante da notícia de que o nome de Julia Roberts, mulher branca, tinha sido indicado para interpretar o papel da abolicionista negra Harriet Tubman em uma cinebiografia que estreou em 2020.

Essas dinâmicas de exclusão e invisibilidade racial refletem uma estrutura cultural marcada por uma estética que privilegia a branquitude em detrimento de outras manifestações. Ignora-se o peso simbólico e histórico do corpo negro, mesmo em narrativas que lidam com questões diretamente ligadas a essa população. Os corpos brancos continuam a ocupar o centro das representações culturais, das decisões políticas e dos espaços de poder e prestígio, enquanto as presenças e as experiências dos povos negros e indígenas são desconsideradas ou diluídas. Isso evidencia uma estrutura de poder que marginaliza essas identidades desconsiderando sua importância nas histórias que são contadas e consumidas pelo grande público.

Nesse contexto, a estrutura de poder dentro da indústria do entretenimento e da publicidade perpetua a marginalização de talentos e representações negras. As escolhas de elenco e as campanhas publicitárias que priorizam padrões eurocêntricos ilustram como a estrutura racista está enraizada nas práticas institucionais. A visibilidade e o prestígio associados a certos papéis e posições muitas vezes estão reservados para indivíduos brancos, o que demonstra como o racismo estrutural afeta as oportunidades e o reconhecimento de talentos negros.

A estrutura de poder que domina as indústrias criativas e midiáticas muitas vezes exclui e invisibiliza talentos negros, mesmo quando há uma proximidade cultural e histórica com os papéis representados. Tristemente, situações como essas parecem não causar o incômodo que deveriam. As posições de maior destaque e poder de decisão em empresas ficam a cargo de pessoas brancas que dominam, também, os meios de produção de conteúdo, as mídias, as campanhas publicitárias etc. Estruturalmente, o racismo tem suas teias lançadas sobre toda a sociedade, evidenciando a necessidade de uma análise crítica e transformadora que desafie e reestruture essas práticas discriminatórias.

Por fim, à Questão 4 os respondentes trouxeram suas percepções sobre o papel da escola nessa educação capaz de atingir as bases do racismo em seus espaços.

Sim. A escola é o lugar da diferenciação e o espaço deveria ser utilizado para que as diferenças fossem trabalhadas, não "administradas". Muitas crianças vêm de casa com seu racismo na lancheira da mesma forma que as crianças negras saem muitas vezes de ambiente onde só tem negros e eles se elogiam, se acham bonitos, fortes. Ela não está acostumada com a certeza do racismo pois em casa vive um ambiente de alguma aceitação. (R.8)

Com certeza. Dá preguiça de explicar coisas óbvias, mas a falta de informação prejudica a todos. Há muitos negros que não sabem que são negros outros por ter o tom de pele mais claro não se consideram negros. E o que é ainda pior, brancos que querem dizer se uma pessoa é ou não negra. Saber de suas origens, o porquê do seu tom de pele, seu fenótipo e fundamental para a formação identitária de uma pessoa. Isso abordado nas escolas públicas e particulares, e extremamente importante pelo fato de ser um ambiente multicolor com pessoas diferentes umas das outras. Aprender sobre diferenças faz com que aprendamos a respeitar os outros. (R.9)

Sim, porque não entendo como, mas o racismo contra negros existe e as injúrias, os comentários racistas são feitos sobre o nosso fenótipo. A parte visível do nosso fenótipo (cabelo, pele, olhos, etc.) parece ser o que o racista não suporta porque ele foi educado para odiar. E como ninguém nasce racista, é preciso ensinar as crianças brancas a ver o nosso fenótipo

COMO ALGO NORMAL E APENAS DIFERENTE, POR MEIO DESSE TIPO DE DISCUSSÃO JÁ NA EDUCAÇÃO BÁSICA. AO FAZER ISSO, ESTAREMOS TAMBÉM AJUDANDO AS CRIANÇAS PRETAS A AMAREM SEUS TRAÇOS E A NÃO ODIAREM SER NEGRAS COMO ISSO ACABA ACONTECENDO QUANDO A CRIANÇA SOFRE BULLYING COM MUITA FREQUÊNCIA E POR PARTE DE PESSOAS BRANCAS DE TODAS AS IDADES. ACABA ACHANDO QUE O PROBLEMA É COM ELA. R.10)

SIM. PARA QUE OUTRAS IDEIAS SOBRE A IDENTIDADE BRASILEIRA FOSSEM CONSTRUÍDAS, NO ENSINO BÁSICO APRENDE-SE MUITA COISA QUE NÃO VALORIZA A POPULAÇÃO NEGRA E SUA EXISTÊNCIA E ISSO FAZ COM QUE NEGROS CRESÇAM ENVERGONHADOS DE SER HERANÇA DE ESCRAVOS E BRANCOS CRESÇAM VANGLORIADOS SE ENTENDENDO COMO UMA RAÇA MELHOR ENQUANTO NA VERDADE EXISTE MUITO A SER CONTADO. (R.11)

A Educação Antirracista e a prática do Letramento Racial Crítico são processos contínuos e essenciais para a superação do racismo. De acordo com as experiências compartilhadas pelos respondentes, é fundamental que a escola atue não apenas na administração das diferenças, mas no reconhecimento e na valorização das estéticas negras. A rejeição da beleza negra e a imposição de uma estética caucasoide ou europeia afetam profundamente a autoestima das pessoas negras, influenciando como elas se veem e se reconhecem em seus próprios corpos. Como observou R.8, a escola deveria ser um espaço para trabalhar as diferenças e promover a aceitação, não simplesmente administrar ou ignorar o racismo que vem de casa. Assim, o papel da escola é crucial para a desconstrução de estereótipos e para a promoção de uma visão mais inclusiva e respeitosa das diversas identidades presentes na sociedade.

Os professores, portanto, são essenciais nesse processo, atuando como agentes que podem ajudar a expandir o conhecimento dos estudantes por meio de conteúdos que abordem essas tensões raciais. A educação deve fornecer recursos e materiais pedagógicos que permitam aos alunos entender e respeitar a diversidade étnico-racial. Isso envolve reconhecer a importância da representação adequada e da valorização das estéticas negras na mídia e em outras esferas sociais.

Segundo Nogueira (1998), "a noção de desejabilidade dos traços caucasoides, e, consequentemente, a indesejabilidade dos traços negroides, está intimamente ligada à ideologia do branqueamento", que promove a miscigenação como forma de diluição dos caracteres africanos e a ascensão social através das gerações. Essa ideologia, conforme relatado por R.11, reflete a falta de valorização da população negra na educação básica, perpetuando a vergonha entre negros e a sensação de superioridade entre brancos. A desconstrução dessa mentalidade deve ser uma meta da educação antirracista, que busca valorizar e incluir as diferenças e contribuir para a ressignificação do olhar que desrespeita e tenta excluir as pessoas de suas próprias identidades e corpos. Avalio essas atitudes como parte integrante do projeto racista que temos denunciado todos os dias. Chamo esse segmento de Racismo Estético.

O conceito de Racismo Estético abrange a imposição de padrões e apreciações estéticas caucasoides, em detrimento das contribuições culturais e artísticas das comunidades negras. Esse conceito inclui não apenas a rejeição dos traços fenotípicos negroides, mas também a desvalorização das subjetividades religiosas e das contribuições em todos os campos estéticos, como a arte, a música, a literatura, a arquitetura e o design. A valorização da estética negra é crucial para combater essa imposição e promover uma compreensão mais equitativa e inclusiva das identidades negras na sociedade.

O Racismo Estético se manifesta na maneira como as expressões culturais africanas e os traços físicos negros são frequentemente desconsiderados e desvalorizados em favor dos padrões eurocêntricos, refletindo uma ideologia que perpetua a exclusão e o preconceito. Portanto, a educação antirracista deve incluir a crítica ao Racismo Estético como parte integral de seu currículo, garantindo que a beleza negra e suas contribuições culturais e artísticas sejam reconhecidas e celebradas, e que todos os alunos vejam a diversidade como um valor positivo e enriquecedor.

Na minha pele

Eu não sei se é a minha cor
Ou se é o meu jeito de andar
Sempre tem um detector
Querendo me parar.
O céu é o limite, Rael

A PELE NEGRA É MUITO MAIS QUE O MAIOR ÓRGÃO DO CORPO. De fato, ela desempenha um papel crucial na sobrevivência humana, atuando como uma barreira protetora contra bactérias e vírus. Além disso, é responsável pela regulação térmica e pelas funções sensoriais, como tato, pressão, frio, calor, dor e prazer. A pele negra é complexa e forte, podendo ser compreendida como um livro no qual a passagem do tempo fica registrada.

Quando observo o rosto da minha avó, hoje com 71 anos, vejo rugas que sinalizam humor, manchas causadas pelo sol que testemunharam sua vida na roça, e cicatrizes tão profundas quanto as vivências que as causaram. A pele também é responsável pela determinação racial, sendo a primeira percepção que temos ao ver alguém.

Historicamente, a pele foi a base para a disseminação de teorias racistas, como o Darwinismo Social, proposto por Herbert Spencer (Godoy, 1988). Essa teoria ideológica afirmava que a desigualdade entre as pessoas era natural, com alguns indivíduos sendo naturalmente superiores e outros inferiores. Spencer argumentava que a vida em sociedade era uma luta constante, em que apenas os mais fortes teriam sucesso, riqueza, poder e prestígio social. Os fracos e inaptos, por sua vez, seriam condenados ao fracasso. Segundo Spencer, o processo de seleção natural das elites era prejudicado pela intervenção do Estado, que, em sua visão, deveria permitir a eliminação dos pobres e inaptos. Muitos campos de estudo na época usaram o Darwinismo Social para analisar as relações sociais (Jacquard, 1984, p. 25).

A Genética procurou categorizar as pessoas analisando traços fenotípicos, como cor da pele, textura do cabelo, estrutura óssea e formato do crânio. A Psicologia e a Neurologia investigaram o desempenho acadêmico de diferentes grupos sociais para determinar a superioridade ou a inferioridade dos indivíduos (Jacquard, 1984, p. 26). Esse exemplo lembra as tentativas contemporâneas de justificar o sucesso acadêmico de pessoas brancas em comparação com o das pessoas negras por meio da meritocracia. Como os contextos sociais distintos dos indivíduos são frequentemente ignorados na análise dos sucessos ou fracassos? Como duas pessoas com acesso diferente à informação, à educação, à alimentação e ao desenvolvimento pessoal poderiam competir em igualdade de condições quando o que se exige delas se baseia na jornada trilhada por esses indivíduos?

Essa questão é especialmente relevante quando consideramos o impacto das tecnologias digitais e da educação na formação das percepções sobre raça e identidade. A educação e a mídia digital têm o poder de moldar a forma como as pessoas percebem e valorizam diferentes aspectos da identidade racial. A falta de representatividade e a perpetuação de estereótipos nas plataformas digitais e nos currículos educacionais podem reforçar preconceitos e desigualdades. A inclusão de perspectivas diversas e a valorização das culturas negras nas mídias e na educação são essenciais para desafiar e transformar essas percepções.

A antropologia e a etnologia, ao analisarem as características fenotípicas, concluíram que o conceito de "raça" é um fenômeno resultante dessas diferenças.

A luz é associada à brancura, enquanto as trevas são associadas à negritude. Anjos são representados como brancos e luminosos, enquanto demônios são negros e associados à escuridão. A limpeza é ligada à claridade e à luz, enquanto a sujeira está associada à escuridão e à obscuridade. Esses conflitos entre matizes de luz e cor podem ilustrar as tensões raciais sobre as quais estamos refletindo. Metáforas como essas, ao serem atribuídas às pessoas, expressam racismo. Quando definimos o bem-estar ou um sujeito como "claro", "limpo" ou "branco", o que restaria para aqueles que não se encaixam nesses critérios?

É essencial reconhecer que existem mecanismos nas artes plásticas, no cinema, nas fotografias e no entretenimento que discriminam nossas identidades. Observamos que atores negros frequentemente não são selecionados para papéis de protagonistas ou galãs, o que revela uma rejeição das estéticas negras, como o caso de Cris Viana e Grazi Massafera, discutido anteriormente. Quando as características estéticas valorizadas são diferentes das minhas e são consideradas belas, atraentes e desejáveis, enquanto minhas características negras não são representadas ou lembradas, sinto que não sou bonito nem desejável. Quando o ideal de beleza está associado a cabelos lisos e esvoaçantes, pele clara e olhos claros, o racismo estético desafia nosso olhar.

Uma das participantes de uma pesquisa revelou que, desde criança, aprendeu que cabelos crespos eram feios e deveriam ser alisados a qualquer custo. Sua mãe a exortava a nunca sair de casa sem o cabelo preso ou alisado. Para isso, ela usava um pente de ferro quente e produtos químicos para alterar a estrutura natural dos fios. Para se sentir bonita, precisava ter os cabelos alisados. Aos 19 anos, com a alopecia avançada, ela sofreu o maior trauma de sua vida: ter que raspar a cabeça. Apesar de os tratamentos não terem sido tão eficazes quanto desejado, ela conseguiu deixar o cabelo crescer novamente e hoje usa tranças box braids, sentindo-se mais confiante e restaurada em sua autoestima. O objetivo desta discussão é mostrar que as pessoas negras merecem a mesma respeitabilidade que qualquer outra pessoa e precisam ser lembradas, consideradas e convidadas a representar a ampla diversidade que constitui a negritude brasileira. Muitos estereótipos sobre o povo negro são legados de tempos escravagistas e de teorias como o Darwinismo Social.

A imposição das estéticas da branquitude sobre as pessoas negras destrói sua autoestima e as priva do prazer de viver em suas próprias peles, quando não se sentem pertencentes ao próprio corpo. Isso estimula tentativas de se adequar a um padrão de beleza imposto, chegando ao desejo de mudar a pigmentação da pele!

O relatório divulgado pelo Global Analyst Report, em agosto de 2020 e em meio à crise causada pelo Covid-19, estimou que a indústria de cosméticos utilizados para clarear a pele se manteve inabalada e valendo cerca de US$ 8,6 bilhões de dólares, e as projeções dos lucros são de US$ 12,3 bilhões até 2027. Segundo dados disponíveis no site da Organização Mundial da Saúde (OMS), entre os produtos utilizados para clarear a pele estão: sabonetes, cremes, esfoliantes, pílulas e até injeções com substâncias desenvolvidas para diminuir a produção de melanina. Há produtos que prometem acelerar a despigmentação e contêm substâncias nocivas, como o mercúrio, que, segundo alerta da OMS, pode causar diversos problemas de saúde, incluindo danos aos rins, manchas ou descoloração da pele, comprometimento do sistema imunológico, o que reduz a resistência a infecções por bactérias ou fungos, além de causar ansiedade, depressão ou psicose (WHO, 2017). De maneira geral, 4 entre 10 mulheres, na África, usam produtos que prometem clarear a tonalidade da pele. A Nigéria possui os números mais alarmantes, aproximadamente 8 entre 10 mulheres são clientes desse tipo de produto. Em 2018, as autoridades de Gana alertaram as mulheres grávidas para que não ingerissem pílulas clareadoras que contivessem o antioxidante glutationa. As mulheres estavam tomando as pílulas com a esperança de que elas pudessem clarear a pele dos bebês, ainda em gestação. No Togo, 59% das mulheres utilizam esses clareadores; na África do Sul, 35%; no Senegal, 27%; e no Mali, 25%. Esses números assustadores se espalham pela Ásia onde 6 entre 10 mulheres indianas utilizam esses produtos; na China, 4 entre 10. Outros países foram citados, Filipinas, Tailândia, Sri Lanka, Indonésia. Não foram encontrados os dados a respeito dessa indústria no Brasil (WHO, 2017). Será que eles não existem ou foram ignorados? O produto tem seu uso autorizado pela Agência Nacional de Vigilância Sanitária (Anvisa), mas há poucas referências a isso na internet.

O absurdo por trás desses números é a condição social das pessoas que consomem os produtos. A pobreza e a desigualdade social nesses países são questões dramáticas e que representam um grande desafio para quaisquer governos. No entanto, o desejo de se encaixar em um padrão de beleza vai além da vaidade. Nesses países, as pessoas que possuem melhores condições de vida ou que têm privilégios são brancas. Assim, a questão racial aprofunda as diferenças de classe e se põe como fator decisivo na hora de fazer uma escolha: um creme clareador para que eu, supostamente, melhore de vida ou a próxima refeição? Essa situação revela como o desejo de atingir padrões de beleza associados à branquitude pode ter um custo devastador. A pressão para se adequar a eles muitas vezes força as pessoas a fazerem escolhas arriscadas que comprometem sua saúde e bem-estar, evidenciando a interseção entre estética, economia e desigualdade social.

Números como esses denunciam como a imposição estética pode levar o ser humano a colocar a própria vida em risco e até a vida dos filhos em gestação, com o intuito de alcançar um padrão de beleza idealizado. Como discuti nos capítulos iniciais, a apreciação estética e a beleza são observações subjetivas do sujeito social.

No ano de 2017, tive a oportunidade de viajar para a Tailândia. Visitei a capital, o norte e as praias no sul do país. Sou brasileiro e estou acostumado a ver trajes de banho e, praticamente, nada me causa constrangimento em relação ao corpo humano. Quando retirei a camisa e a bermuda que vestia percebi que as pessoas ao meu redor se entreolharam e cochicharam algo que as fez dar risadinhas. A princípio, não me importei, mas fiquei muito curioso quando duas moças se aproximaram e pediram para tirar uma selfie comigo. Naquele momento, eu pensei que elas estavam me confundindo com alguém. Mas quem? Se houvesse uma pessoa famosa com essa cara minha, certamente eu saberia! Após posar para a selfie com as moças, perguntei ao guia que estava conosco o porquê daquela situação, ele me disse que a cidade onde estávamos não era muito frequentada por turistas e muito menos gente como eu. Minha curiosidade ficou ainda mais aguçada e continuei atento ao que ele dizia. Após me enrolar durante alguns minutos, visivelmente constrangido, o guia me disse que eu sou muito bonito e que naquela parte do mundo o meu tom de pele é muito admirado. Fiquei lisonjeado, mas ao mesmo tempo profundamente reflexivo. Essa experiência ilustra como a percepção de beleza e valor pode variar significativamente entre culturas. Enquanto em algumas sociedades a negritude é estigmatizada, em outras ela é valorizada e admirada, mostrando como os padrões de beleza são construídos social e culturalmente e podem variar amplamente.

Eu me considero um tipo comum de homem negro brasileiro. Todos na minha família têm essa cara de brasileiro, o cabelo crespo, a pele cor de sucupira herdada da minha tetravó que era indígena, então, nunca havia me ocorrido que eu pudesse chamar a atenção por ser apenas quem eu sou e como sou. Não sou alguém atlético nem tenho traços físicos que pudessem atrair demasiada atenção, mas naquele contexto, em meio àquelas pessoas, meus traços fenotípicos ganharam outra leitura. O mesmo ocorreu quando conversava com um amigo sul-coreano, em Londres. Era a primeira vez que conversava com alguém daquele país e a primeira vez que ele conversava com uma pessoa negra e brasileira. Após duas horas de conversa, ele me perguntou se podia tocar no meu cabelo. Autorizei. A gargalhada que ele deu precedeu a frase: "Troca de cabelo comigo?" Os mesmos cabelos crespos, que no meu país são apelidados de cabelos de bombril, para alguém de outra cultura são vistos como algo estiloso e belo. Essas interações revelam como os padrões de beleza são muitas vezes localizados e não universais, e como a percepção da aparência pode ser transformada conforme o contexto cultural.

No ano de 2018, trabalhei por três meses em um colégio particular de Minas Gerais localizado no alto das montanhas da cidade de Nova Lima. A vista privilegiada, o friozinho típico da serra mineira e as dependências da instituição eram apenas um lado da face de um Brasil que eu ainda não conhecia.

Sempre trabalhei em escolas públicas. Fui servidor público municipal por 4 anos antes de trabalhar naquele colégio por um curto período que antecedeu a minha convocação para tomar posse no concurso federal que havia prestado. As estruturas oferecidas aos professores e alunos eram muito avançadas: notebooks e tablets, sala de cinema, anfiteatro, bibliotecas específicas para cada segmento educacional fundamental (I e II) e Ensino Médio. Era professor generalista de língua inglesa e trabalhava os conteúdos de arte, ciência, geografia e história para estudantes do quinto ano. Na primeira aula, costumo fazer dinâmicas para conhecer meus alunos e estabelecer uma conexão com eles. As respostas às minhas perguntas foram inéditas, para mim. Quando pedi que pensassem em um lugar inesquecível e que descrevessem para a turma para que tentássemos adivinhar. Nada na prefeitura havia me preparado para ter que acertar: Viena, Itália, França, "A fazenda do meu pai no Uruguai", entre outras experiências ainda bem distantes da minha realidade. O mundo, nas palavras daqueles estudantes, parecia uma cartela de bingo em que riscariam cada país visitado. No entanto, uma experiência eles ainda não tinham tido: um professor negro.

Perguntaram onde eu estudei. Perguntaram se eu conhecia os Estados Unidos e perderam o interesse imediatamente quando respondi que não, mas me encararam admirados quando disse que havia morado na Inglaterra por dois anos. Perguntaram sobre a minha família; onde eu morava; se falava outros idiomas e, por fim, esgotada a curiosidade, perguntaram se podiam tocar no meu cabelo. Naquela sala de aula não havia outro negro além de mim. Curiosamente, algo que me intrigou foi a altura dos meus alunos. A maioria deles tinha mais de 1,60m. Na prefeitura, meus alunos mediam menos que 1,60m e tinham a mesma faixa etária. Trago essa informação para discutir uma experiência relatada por um amigo beninense com quem cursei algumas disciplinas durante o doutorado.

Essas observações ressaltam a importância da representatividade e a influência que ela pode ter nas percepções e expectativas dos alunos. A presença de um professor negro em um ambiente predominantemente branco pode abrir novas perspectivas para os alunos e desafiar suas ideias preconcebidas sobre identidade e experiência cultural.

Certa vez, enquanto conversávamos sobre o Benin e as questões raciais ali, ele me disse que, ao visitar seu país, eu poderia notar que as pessoas reparariam na minha pele e que até algum pedinte poderia me pedir dinheiro. Perguntei o motivo e ouvi que as classes sociais mais altas no Benin são misturadas com sangue europeu e, portanto, muitas vezes possuem traços étnicos menos negroides, como nariz ou lábios mais finos e tom de pele menos retinto. Geralmente, essas pessoas são mais altas porque têm acesso a uma alimentação melhor, o que explica a diferença de estatura que notei entre os estudantes da escola pública na periferia de Belo Horizonte e os estudantes do colégio privado onde lecionei. A alimentação é um fator determinante.

Na Netflix, há um documentário chamado *Skin*, que mostra como a indústria de cosméticos se beneficia da vulnerabilidade social das pessoas, lucrando com cremes e outros produtos clareadores de pele que prometem um futuro mais "claro". Esse fenômeno é uma manifestação tenebrosa do racismo estético, que trata da forma como os padrões de beleza impostos muitas vezes refletem e reforçam estruturas de desigualdade racial. Citei minha conversa com meu amigo beninense porque, no documentário, uma criança de 9 anos, negra e retinta, diz que gostaria de ter a pele clareada. Ela afirma que não espera ser branca, mas deseja um tom mais claro porque "Black is bad. Black-black is really bad". Quando a jornalista pergunta o motivo, a garota responde que não sabe por que quer clarear a pele, mas que um tom mais claro é visto como melhor. A resposta dela ilustra como o racismo estético afeta nossas vidas, mesmo quando não estamos totalmente cientes de sua presença.

A necessidade de se sentir aceito, representado e amado é inerente ao ser humano, e quando não podemos ser o que somos porque seremos vistos como inferiores, feios ou fora do padrão, tendemos a tentar nos encaixar em um padrão que os outros aceitem e apreciem. Essa dinâmica está profundamente conectada com teorias sobre identidade e pertencimento, onde a aceitação social muitas vezes exige conformidade com normas que não refletem nossa própria realidade, mas sim as expectativas culturais dominantes.

Em 2019, a cantora negra americana Beyoncé Knowles lançou a música *Brown Skin Girl*. Segundo a revista *Billboard*, essa música ficou na 68ª posição entre as melhores do ano, por reforçar a cruzada de Beyoncé por orgulho cultural e empoderamento feminino. A revista *Teen Vogue* descreveu a música como uma celebração das mulheres de pele negra, enquanto o jornal *The Guardian* a qualificou como brilhante. Na internet, é possível encontrar vários vídeos emocionantes de mulheres negras cantando e reagindo a essa canção que exalta a beleza negra. O videoclipe oficial já foi assistido mais de 21 milhões de vezes no canal da cantora no YouTube.

Trago essas informações para concluir que a beleza negra existe e que nós, pessoas negras, temos plena consciência disso. Continuamos aguardando mais canções que nos celebrem, campanhas publicitárias que nos incluam, protagonistas que nos representem e marcas que nos enxerguem e respeitem como consumidores. Esse reconhecimento é fundamental para a construção de uma identidade positiva e afirmativa, que é muitas vezes marginalizada em uma sociedade que privilegia padrões de beleza eurocêntricos.

Considero uma lástima que produtos como cremes dentais exibam propagandas apenas com pessoas brancas cuidando da higiene bucal. Não me recordo de ter visto uma única propaganda com pessoas negras. As marcas ignoram o poder consumidor das pessoas negras, assim como as marcas de produtos estéticos para peles negras. Muitas vezes, ouço mulheres da minha família reclamarem das maquiagens e bases vendidas, afirmando que as tonalidades mais escuras nunca são apropriadas para suas peles e deixam o rosto acinzentado. Em um país com a maior concentração de pessoas negras fora da África, ainda temos dificuldade para encontrar produtos adequados para a pele negra. A mulher negra deseja consumir produtos de qualidade feitos especificamente para suas peles e cabelos. Isso reflete um fenômeno de invisibilidade e exclusão no mercado, que é uma extensão das desigualdades raciais estruturais.

É difícil encontrar um dermatologista que ofereça produtos adequados para a pele negra, e não são todos os produtos que podem ser aplicados à pele ou ao couro cabeludo de pessoas negras. Recentemente, tenho prestado ainda mais atenção às campanhas publicitárias e às imagens dos produtos que as empresas querem que eu consuma. Ao pegar um pote de creme para pentear cabelos, notei que o rótulo dizia "Creme de Pentear para cabelos crespos tipo 4a, 4b e 4c", mas a imagem no rótulo mostrava uma pessoa branca com cabelos cacheados! Meus cabelos são crespos e sou uma pessoa negra. Isso demonstra a falta de cuidado com os consumidores negros e a falta de interesse em nossas estéticas. Essa desconexão entre as representações publicitárias e a realidade das consumidoras negras é um exemplo de como as representações visuais muitas vezes falham em reconhecer e atender a diversidade real. Campanhas de protetor solar são outro exemplo de estereótipos perpetuados a cada verão. Não me lembro de ter visto qualquer propaganda que recomendasse o uso de protetor solar para peles negras. Apenas pessoas brancas aparecem nessas campanhas, perpetuando o mito de que pessoas negras não precisam se proteger do sol. Esses exemplos denunciam como as estéticas da branquitude são impostas sobre outras e exercem um poder de dominação na mídia, nas artes, no entretenimento e nas campanhas publicitárias. Timidamente isso tem mudado.

Dos tambores às latas de spray. Sim, é Arte e negra!

E as cabeças
Se enchem de liberdade
O povo negro pede igualdade
Deixando de lado as separações
Faraó Divindade do Egito, Margareth Menezes

O TRÁFICO DE PESSOAS ESCRAVIZADAS NO BRASIL FOI amplamente justificado por um discurso racista que desumanizava e inferiorizava os africanos, retratando-os como intelectualmente inferiores e agressivos. Esse discurso serviu para legitimar a prática brutal da escravidão, que, segundo os opressores, exigia a "domesticação" dos indivíduos considerados inferiores. A negação do direito à liberdade e à expressão foi uma das principais estratégias utilizadas pelos escravistas para perpetuar sua dominação cultural, assegurando que os escravizados fossem impedidos de desenvolver e manter suas próprias culturas e formas de resistência. Esse controle serviu para reforçar a posição dominante dos opressores e consolidar um sistema que se beneficiava da subjugação e da exploração contínua dos africanos escravizados.

Os sons, ritmos, cliques, atabaques – em suma, a musicalidade – são heranças africanas muito importantes.

Além de entreter, as músicas marcavam o tempo das tarefas coletivas e transmitiam conhecimento entre gerações. Como parte da identidade cultural, a música foi um escudo de resistência à escravização, tanto nas plantações de algodão nos Estados Unidos quanto nas de cana-de-açúcar no Nordeste brasileiro. Nas canções, escondiam-se planos de fuga e estratégias de sobrevivência. Um exemplo disso é o *Spiritual*, gênero musical americano que aparece como trilha sonora em muitos filmes que retratam o período escravagista.

No Brasil, a cultura negra foi frequentemente desprezada pela branquitude. Durante o período da escravidão, danças e tambores africanos eram tolerados apenas enquanto serviam ao entretenimento dos escravizadores. Contudo, com o fim da escravização, a intolerância contra as expressões estéticas negras não apenas persistiu, mas se intensificou. Isso é evidente no tratamento do funk brasileiro e do pagode. Inicialmente estigmatizados como ritmos vulgares e impróprios, esses gêneros enfrentaram rejeição e marginalização. No entanto, quando essas expressões culturais passaram a alimentar o mercado capitalista e gerar lucro para os detentores dos meios de produção, foram prontamente apropriadas e incorporadas ao circuito comercial das elites.

O funk, apesar de sua origem nas comunidades periféricas e sua associação com a marginalização, tornou-se um elemento constante em festas de elites, e o pagode seguiu trajetória semelhante. Esse fenômeno ilustra como a aceitação e valorização das manifestações culturais negras estão frequentemente atreladas ao seu potencial de gerar lucro, refletindo a superficialidade da valorização cultural que se baseia mais no retorno econômico do que no reconhecimento genuíno das contribuições culturais negras.

Como vimos no início deste livro, a estética é um construto considerado nobre no campo filosófico por ser representativa das expressões e especificidades humanas. Quando essa dimensão é negada a um indivíduo, ocorre um apagamento identitário que o desumaniza.

O samba e a capoeira, dois elementos culturais históricos dentro da cultura negra, já foram considerados crimes no Brasil. A exposição "A marginalização do samba", disponível no site da Biblioteca Nacional, apresenta fotos, cópias de jornais do início do século 20 e documentos que comprovam o racismo em relação às estéticas negras. A seguir, um texto da exposição:

> O samba foi, desde seu nascimento, perseguido e marginalizado. Cantado por descendentes de escravos, cresceu na chamada "Pequena África", região localizada no Rio de Janeiro, entre os bairros da Saúde, Gamboa, Santo Cristo e Pedra do Sal, que abrigava terreiros de candomblé, onde, depois dos cultos, formavam-se rodas. Por ter a marca da estética negra e ser uma manifestação cultural da classe trabalhadora, que expressava seu modo de vida e sua visão de mundo, o samba carioca da Primeira República foi duramente perseguido pela grande imprensa e pela polícia.

Essa intolerância, vinda desde os tempos do Império – antes da Independência –, levou muitos capoeiristas e sambistas à prisão, acusados de vadiagem e de não terem uma ocupação honesta e digna. Como resposta, muitos artistas negros compuseram canções denunciando essas agressões históricas. Elza Soares e Gilberto Gil são exemplos de artistas contemporâneos que, entre outros cantores brasileiros negros, lançaram músicas que retratam aspectos das vivências do povo negro no Brasil.

Nos versos de *A Carne*, single de Elza Soares presente em seu álbum *Do cóccix até o pescoço* (2002) e composta por Seu Jorge, Marcelo Yuka e Ulisses Cappeletti, há marcas profundas do tráfico humano durante o período escravagista no Brasil. Nessa canção, Elza estabelece um paralelo entre fatos históricos e a realidade contemporânea:

> A carne mais barata do mercado é a carne negra
> Que vai de graça pro presídio
> e para debaixo de plástico
> Que vai de graça pro subemprego
> e pros hospitais psiquiátricos

Elza Soares, com mais de 60 anos de carreira, foi considerada a melhor cantora brasileira do milênio pela Corporação Britânica de Radiodifusão (BBC) em 1999, como parte do projeto *The Millennium Concerts*, criado para celebrar a chegada do ano 2000. Sua discografia é repleta de referências à sua trajetória de lutas e resistência como mulher negra de origem periférica. Duas décadas depois, Elza foi homenageada com o título de Doutora Honoris Causa, a primeira vez na história brasileira que uma artista negra da música popular recebeu tal honraria. O reitor da Universidade Federal do Rio Grande do Sul (UFRGS), Rui Vicente Oppermann, destacou que a homenagem se deve às contribuições culturais de Elza e seu combate firme e constante contra o racismo e a perseguição de mulheres negras no Brasil.

Com Gilberto Gil, cantamos para desconstruir estereótipos que limitam os negros aos papéis subalternizados na sociedade, desde a escravização colonial até os serviços domésticos atuais:

> O branco inventou que o negro
> Quando não suja na entrada
> Vai sujar na saída, ê

> Imagina só
> [...]
> Mesmo depois de abolida a escravidão
> Negra é a mão
> De quem faz a limpeza
> Lavando a roupa encardida, esfregando o chão
> Negra é a mão...
> É a mão da pureza.

Gilberto Gil é cantor, compositor, multi-instrumentista, produtor musical e político. Com mais de 60 álbuns lançados, é amplamente reconhecido por sua contribuição à cultura brasileira. Recebeu diversos prêmios, incluindo o Grammy Americano, o Grammy Latino, e foi galardoado pelo governo francês com a Ordem Nacional do Mérito em 1997. Em 1999, foi nomeado *Artista pela Paz* pela Unesco. Gil também foi embaixador da Organização das Nações Unidas (ONU) para a agricultura e alimentação e ministro da Cultura do Brasil de 2003 a 2008.

Na canção *A mão da limpeza*, do álbum *Raça Humana* (1984), citada acima, Gil denunciou a maneira como os negros são vistos na sociedade brasileira e os estigmas que, mesmo após a abolição da escravidão em 1889, ainda os relegam ao papel de "mão da limpeza". Gil tensiona, em seus versos, as relações sociais e a dominação que, enraizadas em um passado escravista, colocam o negro como o "sujeito sujo" e o branco como "limpo". Atualíssimo, Gil explica em sua página oficial no Facebook:

> Eu fiz *A mão da limpeza* para repor certas coisas no lugar e remendar um preconceito histórico contra os negros; para responder, no mesmo tom, um desaforo – o velho ditado: "Negro, quando não suja na entrada, suja na saída". A música é, de alguma maneira, uma resposta a certos preconceitos que

> ainda são encontrados na sociedade brasileira atual. (Gil, 2018)

Em nossa música, há outros ritmos que denunciam as discriminações sofridas pelos negros no Brasil, delineando as identidades de grupos cujas subjetividades são estigmatizadas. Esses artistas abordam temas considerados tabus, como liberdade sexual e drogas. Dois ritmos que, nas últimas décadas, acolheram as vozes de pessoas negras e se consolidaram como meios de resistência cultural e social são o funk e o hip-hop brasileiros. Suas letras, danças e grafites extrapolam os limites da segregação social, desafiando um sistema racista que continua a conceder privilégios a alguns, enquanto priva milhões de pessoas de direitos básicos, como liberdade, vida digna e voz.

Essa dinâmica de exclusão e apropriação revela o funcionamento do poder racial nas sociedades pós-coloniais, em que a branquitude se coloca como árbitro daquilo que é válido ou não, belo ou não, artístico ou não.

A rejeição das estéticas negras cessa quando essas são apropriadas pela branquitude que passa a ser prestigiada em detrimento dos artistas negros que as conceberam. Meu argumento não é limitar a produção cultural dos negros aos (artistas) negros. Pelo contrário, a arte negra deveria ser apreciada, vivenciada e compartilhada por todos. Similarmente, são necessários o reconhecimento da gênese dessas estéticas e a valorização das pessoas que as conceberam.

A branquitude brasileira sempre desdenhou as estéticas negras e exaltou e acolheu os elementos culturais europeus ou estadunidenses. Isso é constatado desde a época imperial, quando as elites brasileiras enviavam seus filhos para estudar fora do país; quando seus filhos retornavam, traziam consigo ideias, costumes e aculturações que emulavam aquelas típicas das civilizações europeias ou estadunidenses porque as consideravam mais refinadas e mais desenvolvidas que as brasileiras.

Segundo Mbembe (2014), foi aceita uma dualidade que se justificava por meio de um discurso falacioso que defendia a superioridade estética, cultural e racial de brancos sobre negros. Nela, o hemisfério ocidental se autoproclamou o centro do universo, a fonte da razão e da vida universal em que as verdades da humanidade residiam.

> Só o Ocidente inventou um "direito das gentes". Só ele conseguiu edificar uma sociedade civil das nações compreendidas como um espaço público de reciprocidade do direito. Só ele deu origem a uma ideia de ser humano com direitos civis e políticos, permitindo-lhe desenvolver os seus poderes privados e públicos como pessoa, como cidadão que pertence ao gênero humano e, enquanto tal, preocupado com tudo o que é humano. Só ele codificou um rol de costumes, aceites por diferentes povos, que abrangem rituais diplomáticos, as leis da guerra, os direitos de conquista, a moral pública e as boas maneiras, as técnicas do comércio, da religião e do governo. O Resto - figura, se o for, dissemelhante, da diferença e do poder puro do negativo - constituía a manifestação por excelência da existência objetal. A África, de um modo geral, e o Negro, em particular, eram apresentados como os símbolos acabados desta vida vegetal e limitada. Figura em excesso de qualquer figura, e, portanto, fundamentalmente não figurável, o Negro, em particular, era o exemplo total deste ser-outro, fortemente trabalhado pelo vazio, e cujo negativo acabava por penetrar todos os momentos da existência - a morte do dia, a destruição e o perigo, a inominável noite do mun-

> do. Hegel dizia, a propósito de tais figuras, que elas eram estátuas sem linguagem nem consciência de si; entidades humanas incapazes de se despir de vez da figura animal com que estavam misturadas. No fundo, era da sua natureza albergar o que estava já morto. (Mbembe, 2014, p. 27-28).

O discurso colonizador inferioriza os negros e justifica a dominação cultural eurocentrada. Como vemos em Mbembe (2014), para os escravocratas, era necessário se desvencilhar de quaisquer traços que pudessem os aproximar de suas vítimas ou daquele local cujos costumes e educação eram considerados inferiores aos praticados na Europa ou na América do Norte. Isso implicava a rejeição de quaisquer expressões estéticas que pudessem humanizar o povo negro. Essa atitude racista ainda permeia a mente nublada de muitas pessoas que consideram as culturas estrangeiras superiores à cultura brasileira. Em minha experiência docente, já ouvi inúmeras falas de pessoas que idealizam a vida em outros países, mesmo sem nunca terem visitado os lugares sobre os quais falam e nem ao menos conhecerem inteiramente o Brasil. Curiosamente, todas as expressões artísticas musicais criadas por negros tiveram suas estéticas questionadas e rejeitadas até o momento em que receberam projeção e atraíram os olhos do sistema capitalista e, a partir desse momento, foram apropriadas e embranquecidas.

Historicamente, o que era considerado a verdadeira música para os ouvidos da classe burguesa ou elitista brasileira, por exemplo, precisava passar pelo crivo estético de críticos ou artistas que produziam ou consumiam música erudita, clássica ou barroca. Isso justifica a rejeição dos estilos musicais negros nascidos no Brasil, principalmente do samba que, apenas a partir da presidência de Getúlio Vargas, passou a ser valorizado dentro de uma ideologia nacionalista. Nesse contexto, artistas brancos passaram a ganhar destaque, enquanto muitos compositores e cantores negros permaneciam nas sombras.

Outro exemplo histórico é a Black Music, criada pelos negros de Nova York e Chicago. Ao ser apropriada por DJs brancos, tornou-se House Music, principalmente aqui no Brasil e nos países europeus, em eventos e festas badaladas promovidas a preços excludentes.

Outro ritmo rejeitado e que, até hoje, sofre perseguição é o funk. Inicialmente, o funk nasceu nos Estados Unidos como resposta cultural à discriminação racial sofrida pela população afro-americana. No Brasil, principalmente nas comunidades periféricas do Rio de Janeiro, o funk americano foi misturado ao estilo do movimento Black Rio, e uma identidade brasileira se estabeleceu. No ano de 2017, o Senado brasileiro recebeu uma proposta de criminalização do funk.

Essas reflexões ajudam a compreender os porquês de gêneros musicais e artes plásticas, como o grafite, serem menosprezados, mas passarem a ser aceitos quando são adotados por artistas brancos ou quando ganham uma versão "universitária".

> Tudo que quando era preto era do demônio
> e depois que virou branco e foi aceito
> eu vou chamar de blues
> É isso, entenda!

Os versos estão na letra da música *Bluesman,* no segundo álbum de estúdio do rapper brasileiro Baco Exu do Blues, lançado em 23 de novembro de 2018. A rejeição da arte negra e as tentativas de silenciamento, criminalização e constante perseguição são indicadores de que a branquitude não deseja ouvir (sobre) aquilo que tenta ignorar todos os dias e muito menos ver aquilo para o qual fecha os olhos despreocupadamente: o seu Racismo Estético.

A música, como manifestação artística e cultural, exemplifica de maneira clara o fenômeno. A rejeição e a marginalização das estéticas negras, seguidas da apropriação e da valorização dessas expressões pela branquitude, revela a dinâmica de poder racial que a Teoria Racial Crítica expõe. A história do samba, do funk e da Black Music mostra como essas formas de expressão, inicialmente vistas com desdém ou mesmo criminalizadas, são posteriormente apropriadas e revalorizadas quando adaptadas por artistas brancos e se tornam comercialmente viáveis. Aqui, fica clara essa faceta do racismo como um sistema de controle cultural, estético, subjetivo e econômico, que privilegia as produções da branquitude e marginaliza as criações dos grupos racializados.

Quando praticamos o Letramento Racial Crítico e passamos a enxergar através de uma lente que possibilita analisar como essas expressões culturais negras são sistematicamente subvalorizadas até serem assimiladas por setores dominantes da sociedade, podemos questionar os mecanismos pelos quais a cultura negra é deslegitimada e como a apropriação por parte da branquitude redefine e reclassifica essas expressões como legítimas ou "sofisticadas", enquanto continua a desvalorizar as origens negras. A música e ramificações como a dança e outras manifestações que surgem a partir dela são algumas das várias camadas em que podemos identificar o racismo estético. A estética da organização urbanística das cidades é um outro exemplo disso.

ESTÉTICA URBANA E A PRESENÇA DO NEGRO

A arquitetura, enquanto manifestação de poder e identidade cultural, também ilustra os princípios da Teoria Racial Crítica e do Letramento Racial Crítico. O design urbano e a organização das cidades muitas vezes refletem e reforçam desigualdades raciais. A exclusão das estéticas e práticas arquitetônicas negras das narrativas dominantes de "modernidade" e "refinamento" é uma forma de racismo estético que marginaliza a contribuição dos grupos racializados. Em muitas cidades, os bairros negros são frequentemente estigmatizados e negligenciados em termos de planejamento urbano e infraestrutura, enquanto os espaços associados à branquitude recebem mais investimentos e valorização. A crítica racial na arquitetura envolve entender como a exclusão e a marginalização das estéticas negras em projetos arquitetônicos são uma extensão do racismo. A seguir, veremos como isso ocorre.

Dentre as tantas formas de se falar de estética, incluo a Arquitetura-Urbanismo (AU) nesta discussão. Para isso, é preciso entender que a AU não se limita ao projeto de prédios e ao planejamento das cidades – inclui as pessoas que neles habitam ou que dele fazem uso; bem como todo o conhecimento, história, cultura e tecnologia para produzi-los. Essa imbricação entre os esforços, os recursos e os interesses humanos conflui para a realidade e a necessidade da criação dos projetos urbanísticos, segundo a Teoria Ator-Rede (Latour, 2005; Rheingantz *et al*, 2019).

No cerne dessas discussões, Sbarra (2020) examina a região portuária da cidade do Rio de Janeiro em suas pesquisas. Ao investigar a inserção e a presença de objetos considerados ícones arquitetônicos, como o Museu do Amanhã, o pesquisador discute como estes afetam as relações sociais das pessoas e o ambiente ao seu redor. O autor destaca que a história da construção da identidade nacional se relaciona à própria imagem que o porto – e a reboque da cidade – reverbera(m) para outras cidades e países. A criação da marca "Cidade Maravilhosa" é fruto dessa imagem exportada desde o início do século 20 até hoje (Sbarra, 2020, p. 216). Outro ponto que merece atenção é a função do porto carioca como entrada de um número, até hoje impreciso, de negros escravizados trazidos da África. O descaso com o registro da chegada dessas pessoas se deve ao desprezo dos traficantes pelas vítimas que raptavam e traziam para serem vendidas no porto como escravas.

A reflexão sobre a organização urbana em torno dos portos no Rio de Janeiro se justifica pelas atividades que eram realizadas ali. A saber, o escoamento das riquezas das Minas Gerais; a vinda da família real portuguesa em 1808 que ressaltou a importância de um porto como parte de uma "cidade moderna"; e, por fim, já no início do século 20, as obras de revitalização feitas pelo prefeito Pereira Passos, com o intuito de estabelecer uma política de embelezamento que se assemelhasse ao estilo francês, típico da estética da *belle époque*. Essas melhorias tiveram um preço duplamente alto, segundo Sbarra, em primeiro lugar, pelos custos financeiros e, em segundo lugar, pelo apagamento das memórias construídas naquele lugar.

Para a expansão do porto, áreas antes pertencentes à Baia de Guanabara foram aterradas. A famosa Pedra do Sal, localizada no Largo da Prainha, à beira-mar, passou a fazer parte do continente e foi, convenientemente, esquecida. Hoje, o Largo da Prainha continua a ser lugar sagrado para religiões de matriz africana, como a umbanda e o candomblé. Nesse local, desembarcaram milhares de negros. Em suas pesquisas, o autor revela que próximo ao Largo da Prainha está o Cais do Valongo – lugar onde oficialmente o porto se localizou entre 1811 e 1831. Devido à vinda da princesa Teresa Cristina para se casar com D. Pedro II, em 1843, foi construído, por cima do Cais do Valongo, outro cais: o Cais da Imperatriz. Hoje, quem visita o local pode ver as várias camadas de terra de épocas diferentes e o antigo Cais do Valongo que foi "descoberto" durante as escavações para as obras do Porto Maravilha. O Cais da Imperatriz também foi encoberto, em 1904, pelas obras de embelezamento de Pereira Passos.

Ao discutirmos a Arquitetura e o Urbanismo no contexto da cidade do Rio de Janeiro, é crucial considerar como esses espaços são racializados e usados para moldar narrativas históricas que, muitas vezes, apagam as contribuições e a presença de comunidades negras. A Teoria Racial Crítica nos alerta para a maneira como o racismo se manifesta nas estruturas sociais, incluindo a configuração do espaço urbano. O apagamento histórico dos negros na região portuária do Rio de Janeiro, conforme descrito por Sbarra (2020), não é um fenômeno isolado, mas parte de um esforço contínuo de invisibilização racial.

Essas discussões revelam como a arquitetura de uma cidade pode ser utilizada de maneira ideológica para a promoção, mas neste caso para o apagamento, da história dos negros que entraram no Brasil por meio dessa região, no período escravagista. Ainda na pesquisa de Sbarra, descobrimos que as obras e revitalizações iniciadas a partir da escolha da cidade do Rio de Janeiro para sediar a Copa do Mundo no ano de 2014 e as Olimpíadas de 2016 se assemelham às tentativas propostas por Pereira Passos em 1904. Novamente, o *city marketing* se vale da ideia de algo maravilhoso para criar o "Porto Maravilha", um empreendimento de renovação e revitalização da área portuária, que há muitos anos vinha sendo deixada de lado pelos governos que se sucederam no poder, com o objetivo de deixá-la mais atrativa para os milhares de visitantes em transatlânticos interessados em conhecer as maravilhas prometidas nas propagandas da cidade do Rio de Janeiro.

A criação da imagem da "Cidade Maravilhosa" reflete não só uma estratégia de marketing, mas uma estética racializada, em que a beleza da cidade está intrinsicamente ligada à branquitude e à modernidade europeia. Isso é evidente nas escolhas arquitetônicas, como a adoção do estilo francês durante as reformas de Pereira Passos, que vieram a custo do apagamento de memórias e espaços negros, como o Cais do Valongo. Ao transformar o porto em uma vitrine para turistas, o projeto "Porto Maravilha" repete o padrão de exclusão racial ao tentar ocultar as favelas e comunidades negras ao redor da região.

Nessas melhorias, embora pareçam benéficas e necessárias, subjazem as tentativas de ocultação das comunidades e morros localizados ao redor daquela região. Sbarra denuncia a construção de arranha-céus de 150 metros de altura que encobrem inteiramente os morros que foram ocupados pelos negros que conseguiram alforria. Essa tentativa de ocultar a presença das comunidades periféricas e marginalizadas ao redor da região portuária não foi exitosa devido à crise imobiliária e econômica, no ano de 2008, inviabilizando a construção dos empreendimentos.

Esse processo de revitalização urbana pode ser lido como uma forma de gentrificação racial, em que áreas anteriormente negligenciadas são "embelezadas" para atrair um público privilegiado, ao mesmo tempo em que se deslocam ou se apagam as populações negras historicamente associadas a esses espaços. A construção de arranha-céus que visam encobrir os morros ocupados por negros alforriados é um exemplo claro de como a estética urbana é usada para manter a hierarquia racial. Essa hierarquia é reforçada não só pela segregação física, mas pela promoção de uma identidade nacional e urbana que marginaliza e exclui os corpos negros.

A invisibilidade das histórias das comunidades negras na paisagem urbana do Rio de Janeiro e a estética do Porto Maravilha revelam um processo complexo de exclusão racial quando lidos à luz da Teoria Racial Crítica (TRC), do conceito de necropolítica e do Racismo Estético. A compreensão de que o Racismo Estético se manifesta fisicamente na organização dos espaços urbanos, que visa excluir ou marginalizar certos corpos, é fundamental para entender como a remoção ou a invisibilização de comunidades negras em áreas urbanas de destaque, como no caso do Porto Maravilha, reflete o controle racializado do espaço público pelo Estado. Nesse contexto, certos grupos são privilegiados em detrimento de outros. Esse fenômeno pode ser lido como uma forma de necropolítica, na medida em que corpos negros não apenas são deslocados fisicamente, mas suas contribuições culturais e históricas também são sistematicamente aniquiladas, resultando numa "morte simbólica" dessas populações.

Essa reconfiguração estética privilegia uma visão eurocêntrica e elitista, que legitima a supremacia racial e ignora a história e a cultura negra que formaram parte essencial da construção da cidade. Ao analisar o papel do espaço público nesse processo, podemos compreender como a exclusão de corpos negros na arquitetura urbana e na narrativa histórica da cidade reforça a desigualdade racial. Assim, a estética urbana torna-se um veículo de opressão, onde o Racismo Estético se manifesta não só na cultura visual, mas também no próprio tecido urbano, perpetuando a invisibilidade e a exclusão das populações negras, tanto no presente quanto na história oficial.

Esconder os trechos precários da cidade habitados, majoritariamente, por negros não é novidade na cidade do Rio de Janeiro. Observei que no caminho entre o Aeroporto Internacional, localizado na Ilha do Governador, até a chegada na Avenida Francisco Bicalho – que faz parte do projeto "Porto Maravilha" – imensos tapumes foram colocados, em 2010, para esconder as favelas ali existentes dos olhares dos turistas que, assim como eu, visitavam a cidade. A minha curiosidade com relação àquela situação me levou a refletir a respeito de como é vista a presença do negro periférico e em situação de vulnerabilidade social nos espaços urbanos. A tentativa de "invisibilizar" a pobreza ao ocultá-la dos turistas reflete uma política que privilegia a estética urbana em detrimento da realidade social, o que acentua ainda mais as desigualdades raciais e socioeconômicas. Ironicamente, enquanto a prefeitura se empenhava em esconder atrás de "muros de vergonha" (Sbarra, 2020, p. 179) trechos inteiros da cidade, na região central foram encontrados restos humanos nas imediações do Cais do Valongo, ao longo da linha de Veículo Leve sobre Trilho (VLT) que atravessa o local. Esses ossos são de homens e mulheres negras que foram despojados ao longo da "vala longa, ou seja, Valongo" que é o nome pelo qual a área é conhecida. Apesar de sua importância histórica, não há informações a respeito dessas questões no local, como denuncia o pesquisador (Sbarra, 2020, p. 153).

Entendo que a estética arquitetônica de uma cidade é projetada de maneira ideológica e através de lentes políticas. O planejamento urbano muitas vezes reflete as hierarquias raciais e sociais predominantes, revelando a quem a cidade é de fato "projetada" para servir e a quem se quer invisibilizar. Isto é, a história das pessoas negras que sustentaram a fundação deste país atravessa todas as estruturas sociais que conhecemos aqui: os aspectos urbanos – morros, favelas e a tentativa de escondê-los –, a economia, a cultura, as expressões artísticas, as crenças religiosas, a maneira como nos apresentamos e as nossas heranças ancestrais. Esses elementos formam a espinha dorsal da nossa identidade cultural e revelam as camadas de exclusão que ainda existem na sociedade brasileira. O trabalho de coleta de dados e a documentação das plantas e projetos urbanísticos sobre os quais Sbarra discute em sua pesquisa são perturbadores. Em frente ao cais que mencionei anteriormente, está o Museu do Amanhã.

A inserção do Museu do Amanhã como ícone arquitetônico, segundo o autor, é mais uma tentativa de apagamento histórico; um desejo de afirmar que "o devir, o amanhã, o futuro é muito mais interessante que o passado" (Sbarra, 2020, p. 200). A arquitetura moderna e futurista do museu contrasta fortemente com as ruínas esquecidas do Cais do Valongo, criando um ambiente em que o passado colonial é suprimido em favor de uma narrativa otimista de progresso. Em uma cidade erguida pela mão de obra escravizada negra, a história e a cultura são itens basilares para que entendamos a construção identitária do povo brasileiro.

O Museu do Amanhã tem a assinatura de um arquiteto estrangeiro, é atrativo para o setor turístico e possui uma arquitetura branca interna e externamente. Para mim, a sua estética é similar a um barco, mas, segundo o arquiteto espanhol Santiago Calatrava, a inspiração para o projeto veio depois da observação de uma bromélia que ele viu no Jardim Botânico da cidade, quando o visitou. Criativamente, penso que um barco abarcaria mais fidedignamente a história dos milhares de negros que chegaram àquela região para serem vendidos e escravizados; principalmente, dos que sobreviveram aos horrores daquele período e dos que se estabeleceram no Morro da Conceição e no Morro da Providência. A narrativa proposta pelo museu parece desviar-se das cicatrizes deixadas pela escravidão, preferindo uma visão romantizada de um futuro distanciado da realidade vivida pela população negra.

A falta de informações acerca das histórias que subjazem ao cais e à presença do Museu do Amanhã, a poucas quadras dali, me fazem questionar se não seria melhor terem construído um "Museu do Ontem"? Ao visitar o local, percebi que na frente do Museu do Amanhã há uma placa indicativa de locais que podem ser visitados naquelas imediações. No entanto, não há quaisquer menções ao cais. Outro exemplo desse apagamento da memória é o enterramento do Cais do Valongo pelo Cais da Imperatriz, e o seu papel secundário na programação turística da cidade. O local merece um Museu ou Memorial, por seu valor histórico, entretanto, é desprezado e está relegado ao esquecimento por parte dos governos. Tal apagamento é um reflexo da forma como o país lida com a sua herança escravagista, preferindo ignorar ou minimizar o sofrimento de milhões de negros. Ali, é apenas um conjunto de ruínas a céu aberto, nada atrativo e sem o prestígio de ser considerado um lugar de visitação "oficial" sugerido pela secretaria de turismo da cidade.

Um paralelo pode ser estabelecido entre o Museu do Amanhã e o Museu do Holocausto, que é um memorial, um local de reflexão a respeito das barbaridades ocorridas na Europa durante o início do século 20. Para mim, o Museu do Amanhã poderia, também, ser um Museu do Ontem, um local preparado para acolher uma profunda reflexão histórica sobre a história das pessoas negras que chegaram a este país e foram escravizadas; um símbolo da vergonha do passado escravagista e uma homenagem aos milhões de mortos, cujos corpos ainda estão ali, enterrados sob o piso de quem passeia pelo Museu. A analogia com o Museu do Holocausto sublinha a importância da memória e da justiça histórica como pilares fundamentais para o entendimento do presente. O apagamento da memória se dá quando tornamos invisíveis os fatos, facilmente comprovados, e cujos remanescentes permanecem naquele local.

Vejo o apagamento da presença negra nos espaços urbanos como uma das facetas do racismo estético que denuncio, onde os vestígios da história e da cultura afro-brasileira são sistematicamente rejeitados. O resgate dessa história é imprescindível para que possamos repensar a configuração atual de nossas cidades e a inclusão dos verdadeiros protagonistas de sua construção. É premente que resgatemos a presença e o protagonismo negro na construção de sentidos para a estética de nossa brasilidade tanto na arquitetura, nas manifestações culturais e artísticas, quanto nos costumes que contribuíram para a construção da nação brasileira.

Outra situação que representa a rejeição da presença e da produção artística de negros e negras em espaços urbanos é a condenação da prefeitura da cidade de São Paulo e de seu ex-prefeito, João Dória, no ano de 2019, devido à remoção de grafites na Avenida 23 de Maio. A multa no valor de R$ 782.300 foi direcionada ao Fundo de Proteção do Patrimônio Cultural e Ambiental Paulistano (Funcap). Segundo a decisão do juiz Adriano Marcos Laroca, da 12ª Vara de Fazenda Pública, a ação do poder executivo municipal e do seu ex-administrador trouxe danos ao patrimônio cultural público e censura às manifestações culturais naquela área. Segundo informações contidas no processo: 1004533-30.2017.8.26.0053, disponível no site da comarca:

> Os réus, na execução do programa de limpeza pública ou "de zeladoria" denominado "cidade linda", têm removido obras de grafite, as quais não se con-

> fundiriam com pichações, notadamente as do mural que havia na Avenida 23 de Maio, confeccionado por mais de 200 grafiteiros. Mencionam que inclusive a Lei Federal 12.408/2011 descriminalizou a grafitagem, reconhecendo-a como arte popular. Aduzem que por ser o grafite arte urbana e, por conseguinte, bem cultural de natureza imaterial (Resolução 07/2016 CONPRESP), por força da Lei Municipal 10.032/1985, caber-lhe-ia formular diretrizes sobre a sua preservação, bem como ser ouvido antes de qualquer remoção dessas pinturas. Afirmam que a ausência de diretrizes sobre tais obras de arte, formuladas pelo CONPRESP, ou mesmo sua omissão, não poderia impedir o acesso ao Judiciário para proteger o aludido patrimônio (Lauda 1).

Pensar em expressões artísticas negras exige que visitemos esse conceito, que por sua vez, segundo Aires Almeida (2000), não é hermético e, portanto, não pode ser conceituado de maneira acabada. Para o autor, a **arte** não deve ser, em hipótese alguma, restringida a uma interpretação definitiva, devido à sua necessidade constante de ampliação e inclusão de novos segmentos e áreas. Deste modo, a construção desse entendimento não ocorre de maneira previsível ou controlada. Na mesma direção, Branquinho e Santos (2014) avaliam como "expansivo, criativo e empreendedor" o conceito da arte, bem como aberto, flexível e cambiante, sendo assim, "fixar de uma vez por todas as condições de aplicação do que é arte é fechar um conceito cujas condições de aplicação são reajustáveis e corrigíveis; é fechar um conceito que é aberto e cujo uso correto exige abertura" (Branquinho & Santos, 2014, p. 6).

Os grafites, os murais urbanos, desenhos e outras artes gráficas são espaços de resistências em que as lutas sociais são travadas. Neles há ênfase na resistência, reafirmação identitária e cultural, superação social das discriminações e desigualdades, ou seja, a ideologia primária que fez o hip-hop ganhar espaço na cultura brasileira. Para Tavares (2008, p. 16), a cultura é um fenômeno que conecta pessoas que compartilham os mesmos significados e sistemas, promovendo identificação e interação entre elas.

O hip-hop exemplifica essa conexão, sendo um movimento originado por jovens da periferia que enfrentavam preconceito racial e social, se envolviam com drogas e gangues, e viviam em áreas carentes. Eles lutavam diariamente para transformar suas vidas. Além disso, o Hip Hop representa a fusão de diversas culturas e realidades, com o rap sendo a música criada sobre a batida do DJ, frequentemente incorporando *samplers* de outros estilos como rock, soul e ritmos latinos.

No entendimento da organização Zulu Nation, fundada por Afrika Bambaataa, nome artístico de Lance Taylor, cantor, compositor, produtor musical e DJ, nascido em Bronx, Nova York, há quatro elementos na cultura hip-hop, a saber: Grafite, DJ, MC, B-boy e B-girl, cujo lema é a paz, o amor, a união e a diversão. Cada um deles amplifica as vozes, possibilita visibilidade e reafirma as identidades dos jovens que praticam a dança (b-boy e b-girl), a pintura/arte (grafite) e a música (DJ e MC).

Os grafites brasileiros têm sido reconhecidos, internacionalmente, como uma expressão artística de traços específicos e marcantes. Um exemplo dessa notoriedade positiva é a arte produzida pelos irmãos Gustavo e Otávio Pandolfo, mais conhecidos como OSGEMEOS, que sempre trabalharam juntos desde criança pelas ruas do tradicional bairro do Cambuci (SP). Deslumbrados pela cultura hip-hop que desembarcava no Brasil nos anos 1980, OSGEMEOS se identificaram com esse universo de cores e ritmos e passaram a se dedicar, profundamente, a explorar as variadas técnicas de pinturas, desenhos e esculturas que, na forma de grafites, encontraram nos muros das ruas espaço para criação, exibição e apreciação. Hoje, seus grafites são conhecidos ao redor do mundo e estão expostos em museus e galerias de arte de grandes metrópoles como Nova York, Vancouver, Berlim e Londres. Há, também, outros grafites e grafiteiros brasileiros que são mundialmente conhecidos, principalmente,os que moram ou atuam na Vila Madalena – bairro nobre da região oeste de São Paulo –, que têm atraído a atenção de inúmeros jornais e revistas internacionais, entre os quais destacam-se *The Wall Street Journal*, *BBC* e *Time Out* que, frequentemente, publicam diversas matérias explorando, elogiando e recomendando esse potencial artístico brasileiro.

Destaco, a seguir, três artistas negros e periféricos que receberam prêmios e reconhecimentos internacionais:

Alex Hornest, conhecido como "ONESTO", é um pintor, escultor e artista multimídia cujos trabalhos já foram expostos nas cidades de Nova York, Bogotá, Los Angeles e San Francisco. Onesto estabelece contrapontos entre o universo lírico e o caos das grandes cidades.

Francisco Rodrigues da Silva é conhecido pelo nome artístico: "Nunca". Seus trabalhos são marcantes devido às figuras de traços desproporcionais e intensamente coloridas que são inspiradas na cultura indígena brasileira. Os olhares melancólicos e profundos de suas figuras são inigualáveis. Além do Brasil, já expôs na Grécia e na famosa Tate Modern, em Londres.

Anarkia Boladona, nome artístico de Panmela Castro, é reconhecida internacionalmente como a rainha do grafite brasileiro. Formada em pintura pela Escola de Belas Artes da Universidade Federal do Rio de Janeiro e mestre em processos artísticos contemporâneos pelo Instituto de Artes da Universidade do Estado do Rio de Janeiro. Sua arte tem influência da pichação, nicho underground habitualmente dominado por homens. Anarkia Boladona se consolidou como uma artista que advoga em defesa das mulheres. Uma temática recorrente em seus trabalhos são as questões do universo feminino, especialmente a violência doméstica. As cidades de Nova York e Paris acolheram suas exposições por meio do projeto "Grafite contra Violência Doméstica".

Infelizmente, nem esse reconhecimento internacional foi suficiente para evitar que as pinturas fossem atacadas e pintadas de cinza. As histórias e experiências por trás daquelas latas de spray e pincéis não poderão ser refeitas. O Racismo Estético e o apagamento da arte e da cultura negra causam danos irreparáveis e fomentam os preconceitos de pessoas desinformadas acerca da natureza desse tipo de expressão. O desrespeito às produções e estéticas negras se atualiza frequentemente, para nossa tristeza.

No dia 13 de fevereiro de 2025, a Prefeitura de São Paulo realizou a demolição da sede da Escola de Capoeira Angola Cruzeiro do Sul, localizada na zona oeste da cidade. O espaço, fundado e mantido pelo Mestre Meinha, um dos mais antigos mestres de capoeira angola do estado de São Paulo, foi destruído sem qualquer aviso ou notificação prévia por parte da Subprefeitura de Pinheiros, responsável pela administração da região. Além da estrutura física, foram perdidos instrumentos musicais, quadros, fotos, imagens sagradas da religião praticada pelo mestre e objetos que simbolizavam os 40 anos de história e dedicação do mestre à capoeira.

Apesar da revolta entre capoeiristas, ativistas culturais de diversas regiões do país e alguns influenciadores digitais que rapidamente iniciaram uma mobilização nas redes sociais, não havia nada que pudesse reconstruir a destruição e os prejuízos dessa violência. Esse ataque à cultura negra é uma violação ao patrimônio imaterial da humanidade, pois este foi o título concedido à capoeira pela UNESCO em 2014.

A capoeira é muito mais do que uma arte marcial ou uma manifestação cultural; ela carrega um forte simbolismo de resistência do povo negro desde o período escravagista. Criada por africanos escravizados no Brasil como forma de defesa e expressão cultural, a capoeira combina música, dança e luta em uma estética única, que transcende o movimento corporal e se consolida como um instrumento de identidade e preservação da memória afro-brasileira. O tombamento da capoeira como patrimônio imaterial da humanidade reforça sua importância histórica e cultural, tornando ainda mais grave qualquer ataque a espaços dedicados à sua prática e ensino.

A destruição da Escola de Capoeira Angola Cruzeiro do Sul representa um ataque direto às expressões estéticas negras e ao legado de Mestre Meinha, que há quatro décadas vem formando gerações de capoeiristas e preservando essa tradição. Ao apagar vestígios físicos de sua história, a prefeitura reforça um cenário de negligência, desrespeito às culturas de matriz africana e, em minha leitura, racismo estético.

A apropriação estética e a valorização da arte negra ainda enfrentam desafios significativos em contextos urbanos, refletindo a persistência do racismo estético e da marginalização cultural. A Teoria da Representação Cultural oferece ferramentas para entender como as representações artísticas de grupos marginalizados são muitas vezes desvalorizadas e censuradas. A apreciação estética, frequentemente, é influenciada por preconceitos que afetam a visibilidade e o reconhecimento da arte negra, demonstrando a necessidade urgente de um olhar mais inclusivo e crítico sobre a cultura e a arte em contextos diversos.

As relações entre o apagamento da arte de rua, a destruição da escola de capoeira e à Teoria Racial Crítica, que investiga como as estruturas sociais e jurídicas perpetuam o racismo e a exclusão racial, são claras. A remoção dos grafites e a demolição da escola podem ser vistas como uma manifestações de poder institucional, em que práticas de "limpeza urbana" acabam reforçando a supremacia estética e cultural branca. A TRC nos permite entender como políticas públicas, muitas vezes apresentadas como neutras, na verdade perpetuam o apagamento de manifestações culturais negras, contribuindo para a marginalização racial e a invisibilidade dessas vozes na cidade. A condenação da Prefeitura de São Paulo por esse ato pode ser lida como um reconhecimento tardio da violência simbólica infligida a essas comunidades através do apagamento de suas representações.

Além disso, é fundamental recobrar o conceito de Letramento Racial Crítico, que envolve a capacidade de ler e interpretar criticamente as dinâmicas raciais que operam na sociedade. O grafite, especialmente quando produzido por artistas negros e periféricos, atua como uma ferramenta de conscientização, desafiando narrativas racistas e promovendo a resistência cultural. A arte de rua, nesse sentido, não é apenas uma expressão estética, mas também uma forma de letramento racial, que educa o público sobre as desigualdades raciais e a importância da representatividade negra na esfera pública. Ao remover essas obras, o poder público suprime esse Letramento Visual Crítico (Xavier, 2019) que diz respeito à capacidade de interpretar, analisar e criticar imagens e outros elementos visuais em contextos sociais e culturais. Essa abordagem enfatiza a importância de desenvolver uma consciência crítica sobre as representações visuais, reconhecendo como elas podem influenciar percepções e comportamentos. O Letramento Visual Crítico envolve não apenas a leitura das imagens, mas também a compreensão das relações de poder e das ideologias que estão subjacentes a essas representações. Isso implica um processo de questionamento e reflexão sobre como as imagens podem perpetuar estereótipos, desigualdades e narrativas dominantes, promovendo uma educação que capacite os indivíduos a se tornarem consumidores e produtores críticos de conteúdos visuais. Assim, quando o poder público apaga tudo isso, ele priva a sociedade de uma oportunidade de refletir sobre a racialização dos espaços urbanos e sobre a importância da diversidade cultural.

No entanto, é importante também discutir a apreciação estética no contexto dessas intervenções. A apreciação da arte é frequentemente moldada por padrões culturais hegemônicos, que muitas vezes desconsideram ou subvalorizam produções artísticas que emergem de contextos periféricos ou racializados.

A arte de rua, por muito tempo, foi vista como vandalismo ou algo "fora de lugar", especialmente em espaços urbanos dominados pela elite branca. No entanto, artistas como OSGEMEOS e Anarkia Boladona trouxeram essas expressões para o centro do debate artístico global, forçando uma reavaliação do que consideramos esteticamente valioso. Essa expansão da apreciação estética, impulsionada por artistas negros e periféricos, é uma forma de decolonizar a arte e reconhecer a pluralidade das formas de expressão artística.

Logo, a remoção dos grafites da Avenida 23 de Maio pode ser lida como um exemplo de racismo estético, uma prática na qual expressões artísticas de comunidades negras e periféricas são desvalorizadas ou apagadas por não se alinharem à estética branca dominante. O Racismo Estético se manifesta quando a arte que desafia as normas culturais hegemônicas é marginalizada ou destruída, reforçando uma hierarquia racial e estética que privilegia produções artísticas eurocêntricas. Ao apagar essas manifestações, o poder público reafirma uma visão de cidade que exclui esteticamente as populações negras, promovendo uma "limpeza" que não é apenas física, mas simbólica e racial. Assim, o Racismo Estético opera como um mecanismo de exclusão cultural, negando a essas comunidades o direito de expressarem suas subjetividades estéticas e se verem representadas no espaço público.

De forma semelhante, a demolição da escola de capoeira em São Paulo se insere de forma significativa nessa discussão sobre o racismo estético e a marginalização cultural das expressões artísticas negras. A capoeira, como prática cultural originária das comunidades negras e periféricas, carrega uma forte carga de resistência e identidade, sendo um símbolo de luta contra a opressão e de afirmação da cultura afro-brasileira. A destruição de um espaço dedicado a essa manifestação artística pode ser vista como uma continuação das práticas de apagamento cultural que marginalizam o legado negro nas cidades. Assim como a remoção dos grafites ou a desvalorização da arte de rua, a demolição da escola de capoeira reforça a exclusão simbólica das expressões culturais negras e periféricas, negando o direito de suas comunidades de se representarem e se reconhecerem em seus próprios espaços. Esse ato de destruição se alinha com a lógica do racismo estético, em que as manifestações artísticas não alinhadas à estética dominante, eurocêntrica e branca, são desvalorizadas e apagadas. No contexto urbano, esse apagamento contribui para uma invisibilização das culturas negras, perpetuando um ciclo de marginalização que precisa ser confrontado e desafiado por meio do reconhecimento, valorização e preservação das manifestações culturais originárias dessas comunidades.

Quando analisadas em conjunto, essas ações revelam como a remoção de grafites não é apenas uma questão estética, mas um reflexo de práticas racistas e excludentes que continuam a operar nas estruturas sociais e urbanas. Para desafiar essas práticas, é necessário promover um combate direto ao Racismo Estético, estimular o Letramento Racial que valorize as diversas formas de expressão cultural e que reconheça a importância da arte negra e periférica na construção de um espaço público verdadeiramente inclusivo. A luta por reconhecimento e a defesa da diversidade estética são essenciais para combater o Racismo Estético e garantir que as expressões culturais negras recebam o devido respeito e valorização no cenário artístico global.

A percepção de como o racismo estético afeta diretamente a apreciação da estética musical e a organização urbanística em detrimento das populações historicamente subalternizadas é essencial para compreender como as manifestações culturais e os ambientes construídos são moldados por relações de poder racial. A Teoria Racial Crítica sugere que essas formas de expressão e construção não são neutras, mas estão imersas em um contexto de dominação racial que influencia a produção e a (sub-)valorização cultural. A apropriação e a revalorização das estéticas negras por parte da branquitude, tanto na música quanto na arquitetura, revelam uma dinâmica de controle e poder que desconsidera a autoria e o valor original das culturas racializadas. Essa apropriação cultural pode ser entendida não apenas como um intercâmbio superficial de elementos culturais, mas como um processo complexo de reconfiguração de valor e poder. Esse fenômeno envolve a transformação das expressões culturais de grupos marginalizados em produtos de mercado controlados pela branquitude, frequentemente ignorando e desrespeitando suas origens e significados autênticos de espaços e produções. Ao reinterpretar e comercializar essas expressões culturais, a cultura dominante não só lucra, mas também desvia o reconhecimento e a valorização do verdadeiro contexto dos grupos originários, evidenciando uma forma de expropriação da cultura e da subjetividade, perpetuando desigualdades de poder e visibilidade.

Na mesma direção, o Letramento Racial Crítico oferece ferramentas para questionar e desafiar estruturas que perpetuam a marginalização, promovendo uma compreensão mais profunda dos mecanismos de exclusão e invisibilização. Isso possibilita o amadurecimento crítico necessário para questionar essas estruturas e adotar práticas que combatam a sistematicidade esteticamente racista. Há outras áreas que poderíamos mencionar, um exemplo como a literatura. A marginalização estética na literatura pode ser enxergada no descaso com a autora Maria Firmina dos Reis, mulher negra brasileira cujas obras foram sistematicamente excluídas dos currículos acadêmicos por décadas. Maria Firmina dos Reis é considerada uma pioneira da literatura brasileira, sendo a primeira romancista brasileira. Autora de *Úrsula* (1859), o romance que aborda a escravidão e a condição da mulher negra com uma visão crítica e inovadora para sua época. Apesar de sua contribuição significativa, sua produção literária permaneceu marginalizada e foi ignorada pelos cânones acadêmicos e literários por muito tempo.

Eu, formado em Letras pela UFMG em 2012, mestre e doutor em Letras, só conheci a obra de Maria Firmina dos Reis em 2020. Esse exemplo evidencia como o racismo estético pode se manifestar dentro das instituições acadêmicas, onde a produção de autores negros frequentemente é desvalorizada e excluída dos currículos e debates literários principais. A falta de reconhecimento das obras produzidas por autores negros não só empobrece a compreensão da literatura brasileira, mas também perpetua a invisibilidade e o desprezo por suas contribuições culturais e estéticas. Portanto, a crítica deste livro busca desmantelar essas barreiras e promover uma valorização justa e inclusiva das expressões estéticas dos grupos historicamente marginalizados, além de denunciar ações que têm tentado silenciar, invisibilizar e, em alguns casos, destruir ou demolir nossa história e contribuição. Refletir sobre como as estruturas estéticas – sejam elas acadêmicas, físicas, literárias, musicais, urbanísticas – podem ser reformuladas para reconhecer e valorizar a riqueza das contribuições culturais negras em suas múltiplas expressões são tarefas urgentes e necessárias.

Decolonizando mentes e estéticas

Até o fim, eu vou cantar
Eu vou cantar até o fim
Eu sou a mulher do fim do mundo.
Eu vou, eu vou, eu vou cantar
Me deixem cantar até o fim
Mulher do fim do mundo, Elza Soares

Como resultado destas reflexões, entendo o Racismo Estético como um fenômeno que envolve a imposição de padrões de apreciação que desvalorizam e marginalizam as características naturais fenotípicas e culturais das pessoas negras. Esta forma de racismo não apenas rejeita a beleza e a autenticidade dos cabelos crespos e da cor da pele negra, também impõe normas estéticas eurocêntricas que não reconhecem ou valorizam a diversidade cultural e fenotípica.

O Racismo Estético se manifesta em várias dimensões da vida cotidiana, desde ataques diretos à produção artística de indivíduos e comunidades negras até a falta de representação adequada nas paletas de maquiagem que estão lenta e tardiamente se ampliando, devido às demandas e interesses do capitalismo. Como discutimos, essa marginalização é histórica. Durante o período escravista no Brasil, o tom de pele e o tipo de cabelo eram usados para classificar e submeter as vítimas de escravidão às diferentes formas de trabalho: dentro ou fora da casa grande. Esse contexto revela a importância do cabelo e da cor da pele na construção da identidade racial e no olhar que a sociedade brasileira tem sobre si mesma e sobre o "outro".

Entendo, portanto, o Racismo Estético como a imposição de normas e padrões que desvalorizam as características naturais e culturais das pessoas negras, transformando essas características em objetos de discriminação e marginalização. É uma forma de violência que busca uniformizar a estética em torno de padrões eurocêntricos, negando a riqueza e a diversidade das expressões culturais negras.

Nos capítulos anteriores, discuti como os padrões estéticos impostos pela branquitude estão intimamente associados ao pensamento colonizador, que inferiorizava os negros e rejeitava sua história. O objetivo era negar sua humanidade e justificar a sua escravização. Esse período histórico, conhecido como colonialismo, deixou marcas profundas na estrutura social brasileira e em outros países que também sofreram essa agressão. Esses reflexos são chamados de colonialidade, que é a forma de enxergar as marcas profundas que permaneceram mesmo após o fim do colonialismo (Quijano, 2005). Esses resquícios, enraizados na intersubjetividade global, podem ser percebidos em diferentes dimensões: a colonialidade do poder (econômico e político), a colonialidade do saber e a colonialidade do ser (do gênero, sexualidade, subjetividade e conhecimento).

As classificações e categorias sociais, como a ideia de raças superiores e inferiores, foram construídas após a invasão da América. Assim, surgiram novas identidades sociais: negros e negras, indígenas, brancos e brancas, amarelos e amarelas. Da mesma forma, foram criadas identidades "geoculturais" como Europa, África, América e Oriente (Quijano, 2005, p.74).

Com a identificação dessas estruturas sociais, emergiram as teorias decoloniais, que se propuseram a debater como essas heranças deveriam ser administradas. As teorias decoloniais/descoloniais surgiram como parte de um movimento de discussão sobre os impactos da colonialidade, vista como um grande evento prolongado e que exige que muitas rupturas ocorram, e não como um fenômeno que se deu e do qual nos afastamos. Esse movimento busca promover a liberdade de pensamento e reavaliar saberes considerados universais. Essas reflexões geram lutas contínuas e transgressões dos padrões impostos pela colonização, além da possibilidade de (re/des-)construir e ressignificar os saberes universalizantes difundidos pelos colonizadores.

Decolonizar, para mim, compreende a ideia de abertura para novas reflexões sobre o colonialismo, contribuindo para remodelar a estrutura social, cultural, política, econômica e epistêmica de nossas sociedades. Assim, a decolonialidade não busca criar conceitos universais que substituam os anteriores, mas sim abrir um novo modo de pensar que acolha as subjetividades dos grupos antes silenciados.

Segundo Lynn Mario Menezes de Souza, professor da Universidade de São Paulo e reconhecido internacionalmente por suas contribuições acadêmicas, "as teorias decoloniais ou epistemologias do Sul são contra a universalidade. O que é tratado como universal nada mais é que um saber local com força colonizadora". (Martinez e Diniz, 2019, p. 7).

A força econômica se impõe como única e universal. A ideia de modernidade e de ciência moderna, por exemplo, são vendidas como universais, mas suas origens são locais, europeias. O conceito de razão, tão caro à ciência moderna, é uma construção europeia. A separação entre saber e corpo, que fortalece a ideia de objetividade e neutralidade da ciência, é uma tradição europeia que se vende como universal.

A partir desse entendimento, podemos questionar: quais são os padrões estéticos ainda impostos às pessoas hoje? O que é considerado belo surge com base em quais referenciais sócio-históricos?

Recapitulando o início do livro, a consolidação dos estudos estéticos coincide com o apogeu do racionalismo iluminista, no século 18. Esse movimento, difundido como o "século das luzes", fortaleceu ideias escravagistas e colonialistas que justificaram a subjugação de povos não europeus. Se essa apreciação surgiu durante um período de escravização, proposto por aqueles que negavam a humanidade dos negros, como as subjetividades estéticas dessas pessoas poderiam ser reconhecidas como belas?

Como resultado dessas reflexões, entendo que as pressões sociais e os interesses da branquitude, ao se oporem à liberdade das pessoas negras de expressarem suas subjetividades e identidades, devem ser denunciados.

A decolonização de nossas mentes com relação às estéticas é um passo crucial para combater essa faceta do racismo e corrigir as suas consequências. Isso envolve a valorização e a celebração das expressões culturais negras em seus próprios termos, sem a necessidade de validação externa ou conformidade com padrões eurocêntricos. Através desse processo, buscamos, além de transformar a percepção estética dominante, promover a liberdade criativa e a afirmação das identidades negras.

No meio dessas tensões raciais, cada fio de cabelo negro conta e recebe uma carga cultural e ideológica. O cabelo crespo é alvo de avaliações pejorativas, negação de sua beleza e opressão para que se adeque a estéticas eurocêntricas, rejeitando penteados africanos e outras estilizações que marquem a diferenciação racial e as heranças culturais afrodescendentes.

A noção de desejabilidade dos traços caucasianos e, consequentemente, a indesejabilidade dos traços negroides está intimamente ligada à ideologia do branqueamento.

Essa ideologia sugeriu que a miscigenação propiciaria a diluição dos traços africanos e a ascensão social através das gerações. Segundo Nogueira (1998), "os traços negroides inspiram a mesma aversão que defeitos físicos". No entendimento postulado por Paixão (2015, p. 120), as instituições que influenciam o corpo estão disseminadas por meio de mecanismos midiáticos que impõem padrões de beleza colonizadores, afetando diretamente nossos desejos. Nesse contexto, o corpo não é algo inerte, parado, um elemento que, desde tempos imemoriais, continua a respirar, falar, digerir, movimentar e ter suas configurações eternamente iguais. A desconstrução dessa mentalidade precisa ser fomentada por uma educação ideologicamente orientada, que valorize e inclua as diferenças. Avalio essas atitudes como parte do projeto racista que denunciamos diariamente. Nossos corpos são vistos como um produto, um lócus privilegiado de intervenções políticas cujo objetivo é, de um lado, moldá-lo e, de outro, produzir subjetividades.

Neste livro, trouxe exemplos do silenciamento imposto por esse tipo de racismo: rótulos de produtos para cabelos crespos que mostram imagens de cabelos lisos, ou linhas de maquiagem que não contemplam as peles pretas, entre outros.

Os cabelos e o tom de pele de pessoas negras sempre foram critérios de classificação racial. No Brasil escravocrata, esses traços definiam os tipos de serviço a que as vítimas seriam submetidas. Esse entendimento revela a importância do cabelo e da cor da pele na configuração da identidade racial no Brasil. Tudo que contraria essa construção deve ser combatido, identificado e nomeado. Na mesma direção, a produção artística negra, que enfrentou oposições, como o samba, o funk e o hip-hop, muitas vezes criminalizados. No entanto, nossa arte resistiu. Hoje, o samba e o grafite são admirados globalmente.

Ao analisar esses aspectos sócio-históricos, compreendo que a rejeição das estéticas pelas quais o povo negro brasileiro se expressa está intimamente ligada a pensamentos colonialistas e preconceituosos que historicamente inferiorizaram e excluíram nosso grupo. Com uma lente crítica e decolonial, refutamos as práticas racistas que buscam suprimir ou distorcer nossas manifestações culturais. Essa crítica também ecoa as vozes de outros grupos que são sufocados por imposições estéticas ou tentativas de silenciamento de suas expressões, como os povos indígenas.

Por meio dessas denúncias, questiono os padrões universalizantes de beleza impostos pela branquitude, que afetam tudo o que produzimos, especialmente em contextos de resistência às vulnerabilidades sociais impostas pelas desigualdades educacionais e econômicas.

Assim, acredito que artes, corpos, epistemologias, mentes e subjetividades devem ser livres para expressar suas ideias, idiossincrasias e desejos, sem quaisquer discriminações ou imposições que pretendam ser universais ou homogeneizadoras. Isso contribui para uma visão mais inclusiva e diversificada da beleza, da criatividade e, também, desafia e desconstrói preconceitos, estereótipos, estigmatizações e violências.

Para as comunidades marginalizadas, esse movimento é vital para o fortalecimento da autoestima e da identidade cultural. Permitir a prática e a expressão plena das tradições e das formas de arte negras, como as religiões de matrizes africanas, a capoeira, a música são essenciais para a preservação e o reconhecimento dessas heranças culturais. Essas formas de expressão enfrentam constantes ataques e discriminação. Na História do Brasil, o crime de vadiagem, que criminalizava atividades associadas às culturas negras e impunha restrições severas à prática de suas tradições, como a capoeira, é um exemplo das raízes desses problemas. Interessantemente, hoje a capoeira é reconhecida como Patrimônio Cultural Imaterial pela Unesco e é praticada em mais de 160 países.

Infelizmente, como argumentado anteriormente, as expressões artísticas negras muitas vezes só passam a ser apreciadas quando atendem aos interesses do capitalismo, e as pessoas que mais se beneficiam disso são aquelas que têm maior passabilidade ou que atendem aos padrões estéticos coloristas que agradam à branquitude. Este fenômeno revela um conceito interessante e crucial para a discussão: a **branquitude**, que se insere no senso de pertencimento, valorização e conformidade aos padrões e aos valores estéticos e culturais brancos em detrimento de quaisquer outras expressões subjetivas não brancas. Outro conceito relevante é o **colorismo**, que descreve a discriminação com base no tom de pele dentro das comunidades negras, favorecendo tons mais claros e marginalizando os mais escuros.

Decolonizar estéticas extrapola uma questão de inclusão, é um ato de justiça social e reparação cultural. É uma maneira de afirmar o valor intrínseco das expressões subjetivas negras e garantir que possam ser praticadas e apreciadas livremente, sem as amarras da opressão e da discriminação.

Como resultado de todas as reflexões desenvolvidas ao longo deste livro, o racismo estético revela-se como uma forma insidiosa de discriminação que permeia a vida cotidiana e influencia nossa percepção de beleza, arte e cultura. A imposição de padrões eurocêntricos, que marginalizam as expressões culturais negras e desvalorizam características fenotípicas como o cabelo crespo e a pele retinta, perpetua a violência e a exclusão histórica de populações negras. Esse tipo de racismo atinge não só os corpos e as produções artísticas, mas também o imaginário coletivo, criando hierarquias de valor que servem à manutenção de estruturas de poder raciais, sociais, culturais e econômicas. Por isso é crucial questionar essas normas estéticas e repensar a forma como percebemos e celebramos a diversidade cultural.

A desconstrução do racismo estético exige uma revalorização das expressões artísticas e culturais negras, permitindo que essas manifestações existam em seus próprios termos e territórios, sem a necessidade de aprovação ou validação externa. A mudança começa com a capacidade de reconhecer as estruturas que abafam essas vozes. Ao nos apropriarmos criticamente das informações discutidas neste livro para gerar novas reflexões e transformações sociais, avançamos em direção às mudanças que tanto buscamos.

Convido os leitores a acolher essas reflexões como um chamado à ação, promovendo um ambiente onde a produção cultural negra e de outros grupos marginalizados seja reconhecida, valorizada e celebrada. A luta contra o racismo estético, em suas múltiplas formas, é uma responsabilidade coletiva, e cabe a todos nós desconstruir as bases desse sistema de exclusão, seja na música, na literatura, na arquitetura ou em qualquer outra manifestação artística, cultural e subjetiva. Somente o engajamento crítico e a promoção ativa da diversidade estética podem começar a desmantelar essa forma de opressão e construir um futuro verdadeiramente inclusivo.

Como vimos, a colonização não se limitou ao território e à economia. Ela também moldou a forma como nos vemos, como enxergamos o outro, e até como percebemos o que é belo. Decolonizar a mente é libertar-se dessas correntes invisíveis. A estética colonial não celebra a diversidade, mas sim impõe um ideal que marginaliza o que é nativo, o que é negro, o que é indígena. Desconstruir esse padrão é um ato de resistência. Assim, entendo que decolonizar a mente é romper com a ideia de que beleza tem um único padrão, é rejeitar as normas estéticas impostas que desvalorizam tudo o que foge à régua eurocêntrica. A estética, muitas vezes incompreendida em sua amplitude, é vista como superficial, quando na verdade é um dos pilares mais fortes da manutenção do racismo. Quando aceitamos apenas o que o colonizador definiu como belo, perpetuamos sua visão de mundo.

O racismo estético é uma violência que oculta a riqueza das culturas negras e indígenas, e ao desconstruí-lo, estamos reconfigurando nosso olhar e abrindo espaço para novas narrativas de beleza.

Enquanto o racismo persistir, a promessa de uma democracia plena continuará a ser uma ilusão. A mudança real não virá de maneira passiva, mas sim através de uma luta constante e consciente.

Eu não espero que o racismo acabe por si só.
A luta precisa continuar.
Abdias do Nascimento

POSFÁCIO, Lynn Mario T. Menezes de Souza

Resgatando a última prece

> Minha última prece: Oh, meu corpo, faça sempre de mim um homem que questiona!
> (Fanon, 2008, p. 191)

O QUE DIZER APÓS ESSA BELA DENÚNCIA E QUESTIONAMENTOS de Seu João Xavier contra o racismo e, talvez, sua forma mais visível: o racismo estético, por tratar da visibilidade e da aparência daqueles que a colonialidade historicamente condenou à invisibilidade e a uma humanidade questionável?

Façamos nossas as palavras de Abdias Nascimento no fim do texto: a luta contra o racismo deve continuar! Resgato, como epígrafe deste posfácio, as últimas palavras do pensador anticolonial caribenho Frantz Fanon, em seu livro *Pele negra, máscaras brancas* (2008). Essas citações de dois ilustres pensadores negros caracterizam muito bem todo o argumento de Seu João Xavier contra o racismo estético. A luta contra o racismo não termina; ela começa com uma reflexão a partir de, e sobre, o próprio corpo.

Resgato também as palavras de nosso velho pensador brasileiro, Paulo Freire (2005), que disse: "Foi exatamente o mundo, como contrário de mim, que disse a mim: você é você". Com isso, Freire quis nos lembrar que somos precedidos por outros e que esses outros desempenham um papel fundamental na maneira em que nós nos vemos. São eles que fornecem a base de nossa identidade ao nos dizer: "você é você".

Isso serve para nos lembrar que, apesar de cada um de nós parecer ser um corpo independente e individual, e apesar de se ver como um "eu", antes de sermos esse "eu" de nós mesmos, fomos o "você" dos outros de nosso meio, desses outros que nos antecederam. Somos, portanto, seres sociais e sócio-históricos, e a maneira com que falamos, pensamos e agimos é aprendida através dos outros – não só dos outros que nos precederam e foram próximos a nós, mas também dos outros desses outros com os quais nós e eles convivemos, às vezes não tão pacificamente. Sim, há outros e Outros; uns mais dominantes (Outros com O), outros não (outros com o); uns mais próximos de nosso grupo, outros distantes, que exercem poder palpável sobre nosso grupo. Os Outros distantes são os grupos sócio-históricos que tomaram, dominaram e colonizaram territórios e povos nos processos históricos de colonização.

Sabemos, através dos pensadores contra-coloniais (Frantz Fanon, Mestre Bispo, Walter Mignolo, Ramon Grosfoguel, Boaventura Santos), que a força da colonização histórica facilitou a imposição e a universalização dos valores, saberes e corpos dos colonizadores. Por sua vez, isso resultou no menosprezo e na invisibilização de todos os outros valores, saberes e corpos daqueles que os colonizadores dominaram e exploraram.

Assim, o pensador anticolonial caribenho Frantz Fanon (2008) fala na zona de não ser para a qual os colonizados foram relegados pelos colonizadores; Santos (2007) fala na linha abissal que caracteriza o pensamento colonial, que valoriza e visibiliza apenas os saberes e corpos dos colonizadores, e invisibiliza os saberes e corpos dos colonizados, criando, assim, uma linha abissal para separar os dois; e Mestre Bispo (2020) fala na cosmofobia e no saber sintético que discrimina contra as formas de pensamento do colonizado.

Como retomou Seu João, no capítulo anterior, o pensador decolonial Quijano (2000) chamou de colonialidade o fenômeno da imposição dos valores e das desigualdades coloniais. A permanência dessa imposição persiste mesmo após o fim da colonização. Quijano propõe como possível origem dessa desigualdade a imposição colonial de relações de trabalho desiguais, nas quais o grupo dominante eurocêntrico colonizador justificava sua superioridade através da caracterização dos grupos dominados como inferiores e merecedores da dominação. Para operacionalizar essa lógica já instalada de desigualdade e domínio, os colonizadores tomaram as características físicas visíveis do grupo dominado – seu tom de pele, cabelo, fisionomia etc. – como "prova" e marcador de sua suposta inferioridade. Essas características físicas passaram a denotar a "raça" dos grupos dominados e passaram a ser vistas como causas e justificativas de sua dominação e inferioridade.

Dessa invenção política de "raça" surgiu o conceito de racialização, que justifica uma relação de desigualdade usando características físicas atribuídas a um grupo inferiorizado. É bom lembrar que essa racialização teve origem em relações desiguais da exploração do trabalho na colonização. Tendo usado a escravização de africanos e seus descendentes como recurso significativo de trabalho colonial, o desprezo continuado pelo negro após o fim da colonização e da escravização carrega resquícios da lembrança distante do negro como mão de obra explorada, ainda assim merecedora do desprezo da produção de suas subjetividades. Esse desprezo é um dos aspectos do racismo estético persistente no Brasil, denunciado em suas diversas facetas na obra que acabamos de ler. Justamente por ser uma relação entre dois polos, a relação desigual de trabalho que deu origem à racialização também resultou no conceito de "branco" para denotar o polo oposto, o colonizador, que "merecia" explorar e inferiorizar o dominado, chamando-o de "negro", "vermelho", "marrom" ou "amarelo", conforme o caso.

Como afirma Xavier, a estética colonial nunca celebra a diversidade; pelo contrário, impõe um ideal que marginaliza o que é nativo, negro, indígena, não branco, estabelecendo-se como um dos pilares mais robustos da manutenção do racismo. Vale enfatizar que a racialização tem origem numa relação desigual e não se refere a um conceito biológico que define seres humanos.

Tendo ascendência indiana, escrevo este posfácio como homem de cor nos termos coloniais. Minha infância e juventude passadas no Reino Unido foram marcadas por experiências de racismo nas quais, por conta de minhas características físicas, era desprezado e chamado de black. Essa denominação racista deixa clara a diferença entre racialização como relação e racismo supostamente biológico. Black no Reino Unido era um termo dito por pessoas que se viam como white e, portanto, superiores, no polo oposto da relação com um black, independentemente do fato de essa pessoa black ter origem africana, caribenha ou asiática. Longe de ser uma denominação com base objetiva, tratava-se de uma relação hierárquica enquanto organização de valores (inclusive estéticos) e atitudes.

No meu trabalho, contra a universalização e a imposição dos valores coloniais, inspirado no trabalho de Frantz Fanon, tenho falado da necessidade de trazer o corpo de volta. Por ser uma imposição excludente dos valores do grupo dominante, a universalização busca impor uma homogeneidade naturalizada e apagar a heterogeneidade, naturalmente existente em todo grupo social.

Para funcionar, essa universalização homogeneizante precisa de uma abstração para esconder sua origem específica em determinados valores de determinados seres, localizados em determinados corpos. É dessa forma que a ciência do Ocidente colonizador se tornou Ciência universal e a estética do Ocidente colonizador se tornou estética universal. É também através da naturalização homogeneizante universalizada que se constitui o racismo estrutural. Os discursos racializantes, com origem nas relações de trabalho coloniais, ainda circulam naturalizados nos discursos sociais de hoje. O que os torna invisíveis e naturalizados é, justamente, seu aspecto universal e abstrato, aparentemente sem conexão com nenhum corpo específico e sem origem específica.

Como lemos nesta obra, se a estética política normatiza a racialização e, portanto, normatiza uma determinada maneira de ver o corpo próprio e o dos outros, de onde pode partir uma ação radicalmente transgressora e transformadora? O pensador contra-colonial Fanon (2008) aponta para o corpo próprio como ponto de partida. Ele nos lembra da dor traumática que acompanhou sua experiência de ser visto como bicho negro por brancos em um contexto colonial. Ele sentiu seu corpo dilacerado simultaneamente em três: 1. O corpo que ele estava acostumado a ver e sentir; 2. O corpo que estava sendo apontado pelos brancos como algo não humano; 3. O corpo sendo visto por ele mesmo como humano, normal, e, ao mesmo tempo, sendo visto pelos brancos como bicho não humano. Essa experiência leva Fanon a refletir sobre o fato de a existência ser simplesmente uma questão de existir ou não existir, ou se alguém existe para o outro;

nesse caso, dependendo do outro, alguns seres serão vistos como melhores que outros.

De forma semelhante, o pensador afro-americano W. E. B. Du Bois (1903) já havia refletido sobre a "dupla consciência" que aflige os corpos afro-americanos, que são levados a se ver não apenas através de seus próprios olhos, como seres humanos plenos, mas também através dos olhos dos grupos dominantes brancos, que os veem como não humanos ou sub-humanos.

Partindo de sua experiência própria traumática, Fanon passa a refletir sobre a experiência social colonial de convivência entre seres diversos e desiguais. De forma semelhante a Du Bois, ele conclui que o processo de racialização colonial (sua estética política, nos termos de Rancière) leva os que pertencem aos grupos dominantes a verem seus corpos como plenamente humanos e a verem os corpos dos colonizados racializados como não humanos ou sub-humanos. Fanon sugere ainda que a força desse processo leva muitos dos colonizados racializados a se verem e verem seus próprios corpos da mesma forma como os colonizadores os veem. Isso gera uma auto-rejeição traumática e o desejo, igualmente problemático, de se tornar corporalmente semelhante ao colonizador.

Os relatos das vivências dos participantes da pesquisa de Seu João, relacionados à pressão social sofrida para que se conformassem com os padrões estéticos impostos, atualizam esses conceitos. Para Fanon, trata-se de atitudes aprendidas e que, portanto, podem ser desaprendidas. Essa desaprendizagem precisa partir de uma reflexão sobre o corpo próprio, sobre os corpos dos outros e a pluralidade de distribuições estéticas possíveis.

Como já vimos, as abstrações universalizantes coloniais escondem os corpos e, portanto, as origens locais específicas dos autores produtores desses valores.

Quando discuto em meu trabalho a necessidade de trazer o corpo de volta, refiro-me ao fato de que toda mente produtora de saber habita um corpo. Todo corpo ocupa um espaço geográfico específico (vive em e fala a partir de determinado lugar) e ocupa um espaço temporal específico (nasce, cresce e vive em um tempo histórico determinado) – seu lócus de enunciação.

Por sermos seres sociais, e não indivíduos, como nos lembrou Paulo Freire, somos sujeitos sócio-históricos. Nos tornamos sujeitos sócio-históricos pelo fato de o espaço específico que ocupamos ser atravessado por discursos específicos que circulam nos grupos em que estamos. Cada conjunto de discursos constitui uma distribuição do sensível ou uma organização política-estética.

Circulamos em vários grupos (família, escola, ocupação, gênero, classe social etc.) e somos sempre atravessados pelos discursos de cada grupo. Por ocuparmos, além do espaço geográfico, o espaço temporal, na medida em que o tempo passa, os discursos de cada espaço também mudam. Essa trama complexa de discursos e saberes em mutação constitui cada um de nós como sujeitos sociais. Lembrando que cada um de nós pode circular em grupos diversos, cada um com seu discurso, isso faz com que, apesar de sermos sujeitos sociais, a especificidade dos espaços ocupados pelo nosso corpo nos torne indivíduos, semelhantes aos outros de nosso grupo, mas não idênticos. Essa trama complexa que nos constitui também faz com que, enquanto seres sociais, apesar de sermos predispostos pelos discursos a pensar e agir conforme nosso grupo, não somos determinados pelos discursos.

O fato de circularmos em diversos grupos faz de nosso corpo específico o ponto de convergência e contato entre os vários discursos. Muitos de nós, intencionalmente ou não, provocamos curtos-circuitos entre os discursos, contaminando-os com elementos de outros discursos e nos tornando, assim, agentes de transgressão.

Para Fanon, a chave para uma transgressão dos valores desiguais e injustos está no questionamento e na reflexão, partindo do corpo específico de cada um sobre a trama complexa que constitui esse corpo. Nessa reflexão, podemos optar entre repetir os discursos que nos constituem ou transgredi-los, inventando discursos, saberes e valores novos.

Na luta contra colonial e antirracista, Fanon nos alerta contra a ameaça de duas opções sedutoras: 1. O desejo por um essencialismo pré-colonial, uma volta a valores e a uma política estética do passado na busca de uma autenticidade perdida. 2. A aceitação da política estética colonial dominante na busca pela inclusão no grupo dominante, mesmo que isso signifique uma autorrejeição. Fanon rejeita as duas opções como insuficientemente transgressoras e transformadoras. Vale destacar que a questão da autenticidade, discutida por Seu João em relação ao cabelo do negro, às expressões artísticas e aos valores das práticas espirituais de matriz africana, interpreta a autenticidade de maneira distinta daquela de Fanon, que critica e alerta contra o retorno ao essencialismo pré-colonial.

Em sua obra, Fanon escreve e reflete sobre a colonização especificamente na África, quando existia a possibilidade de contrastar um passado pré-colonial, de uma cultura local pura e autêntica, com o presente colonial de imposição de valores eurocêntricos. Para Seu João Xavier, no caso do Brasil, com sua história de deslocamento forçado de milhões de pessoas que, apesar de virem todos da África, vieram de locais, línguas e práticas culturais diversas, surgiu, ao longo dessa história, uma invenção transgressora, nos termos de Fanon, de algo que constitui uma política estética própria, negro-brasileira, de elementos africanos híbridos em suas origens.

Dialogando com Xavier, compreendo que essa política estética, apesar de suas origens diversas e híbridas, fundamenta uma identificação social específica e oferece uma base de oposição à universalização abstrata da colonialidade e da racialização no Brasil. Essa base, autêntica em sua funcionalidade, mas híbrida em suas origens, não apenas configurou, no passado, o processo de invenção (como transgressão) de um novo homem e de um novo humanismo, tão valorizados por Fanon, mas, no presente, também se apresenta como um alicerce para outra invenção, uma que enfrente o racismo estético.

Em seus livros, além de alertar contra as duas opções (retorno ao essencialismo do passado e a reprodução dos valores coloniais), Fanon aponta para uma terceira: a de romper a lógica da política estética existente, rumo à invenção de algo novo; invenção essa que partiria de elementos da política estética existente. Esta obra que acabamos de ler se apresenta como um aliado nesta linha de frente.

Fanon nos lembra, em *Pele negra, máscaras brancas* que, ironicamente, o que move a busca pela invenção de algo novo é o mesmo que move a escolha entre as duas opções já mencionadas, ou seja, a busca pelo **reconhecimento.** O reconhecimento do, e pelo, outro é algo fundamental para o bem-estar psíquico de todo ser humano. Porém, esse reconhecimento tem que ser recíproco. Não basta o colonizador eurocêntrico ter declarado o fim da colonização, o fim da escravização e a instauração da igualdade democrática. Não basta esse sujeito dominante olhar para o dominado com um olhar dizendo "você queria liberdade e igualdade? Pronto, agora você tem as duas coisas". Nesse caso, trata-se de um reconhecimento **decretado**, de mão única. Falta ao dominado a possibilidade de **se fazer reconhecido**. É preciso que o dominante e o dominado se engajem num processo de **reconhecimento mútuo** no qual **cada um se vê reconhecendo o outro**. Tal reconhecimento mútuo exige a possibilidade de agir de forma igual de ambos. Para que isso ocorra, o sujeito colonizado precisa se **inventar** para além das lógicas binárias da colonialidade. Este livro, *Racismo Estético,* almeja e possibilita a agentividade necessária para que ocorra esse reconhecimento mútuo.

O ponto de partida para a invenção que pode levar ao reconhecimento mútuo é o corpo. Daí a importância das palavras de Fanon na minha epígrafe: "Minha última prece: Oh, meu corpo, faça sempre de mim um homem que questiona!". Em meu trabalho, tenho proposto uma crítica decolonial que consiste em identificar, interrogar e interromper a colonialidade. Seu João promove, substancialmente, neste livro uma identificação e interrogação da estética da colonialidade que ainda vigora em um Brasil estruturalmente racista, e que constitui a maneira como nossos corpos são vistos. A argumentação de Seu João Xavier interrompe a naturalidade aparente dessa colonialidade, permitindo que esses mesmos corpos possam, futuramente, ser a base da invenção transgressora de uma outra estética.

Referências bibliográficas

AIRES, Afonso. O que é arte? Três teorias sobre um problema central da estética. In: *Crítica na rede*. 2000.

ALMEIDA, Silvio Luiz de. *O que é racismo estrutural?* Belo Horizonte: Letramento, 2018.

AQUINO, Tomás de; PEREIRA, Joaquim; OLIVEIRA, Carlos-Josaphat Pinto de. *Suma teológica.* Edição bilingue. São Paulo: Loyola, 2002.

BISPO, Antonio. *Coletiva Dossiê 27.* 2020.

BRANQUINHO, João; SANTOS, Ricardo. *Composição material.* Compêndio em linha de problemas de Filosofia Analítica. Lisboa: Centro de Filosofia da Universidade de Lisboa, 2014.

CLANDININ, Jean D.; CONNELLY, Michael F. *Narrative inquiry:* experience and story in qualitative research. San Francisco: Jossey-Bass. 2000.

DUBOIS, William Edward Burghardt. *The Souls of Black Folk.* Chicago: A. C. McClurg & Co., 1903.

DUBOS, Jean.-Baptiste. *Critical Reflections on Poetry, Painting, and Music*. Tradução de Thomas Nugent. London, 1748.

ECO, Humberto. *História da feiura.* Rio de Janeiro: Record, 2007.

______. *História da beleza.* Rio de Janeiro: Record, 2010.

FANON, Franz. *Pele Negra, Máscaras Brancas.* São Paulo: Ubu Editora, 2020.

FERREIRA, Aparecida de Jesus. *Addressing race/ethnicity in Brazilian schools:* a critical race theory perspective. Seattle: CreateSpace, 2011.

______.(Org.). *Relações étnico-raciais, de gênero e sexualidade:* perspectivas contemporâneas. Ponta Grossa, PR: EdUPEPG, 2014.

FREIRE, Paulo. *Pedagogia da Tolerância.* São Paulo: Editora Unesp, 2005.

GANDIN, Luís Armando; DINIZ-PEREIRA, Júlio; HYPOLITO, Álvaro. Para além de uma educação multicultural: teoria racial crítica, pedagogia culturalmente relevante e formação docente (entrevista com a professora Gloria Ladson-Billings). *Educação e Sociedade*, Campinas, v. 23, n. 79, p. 275-293, Aug. 2002.

GODOY, Norton. Darwin: a evolução de um homem. *Superinteressante*, São Paulo, n. 5, p. 41-51, maio 1988.

GOMES, Nilma Lino. *Sem perder a raiz:* Corpo e cabelo como símbolos da identidade negra. Belo Horizonte: Autêntica Editora, 2019.

GROSFOGUEL, Ramón. A estrutura do conhecimento nas universidades ocidentalizadas: racismo/sexismo epistêmico e os quatro genocídios/epistemicídios do longo século XVI. *Revista Sociedade e Estado*, v. 31, n. 1, 2016.

GUINIER, Lani. From racial liberalism to racial literacy: Brown v. Board of Education and the interest-divergence dilemma. *The Journal of American History*, v. 91, n. 1, p. 92-118, 2004.

HEGEL, Georg Wilhelm Friedrich. *Cursos de estética*. São Paulo: Edusp, 2001.

IVANOV, Andrey. *A noção do belo em Tomás de Aquino*. Tese (Doutorado em Filosofia) - Universidade Estadual de Campinas, Campinas, 2006.

JACQUARD, Alnert. Os mitos no microscópio. *O correio da Unesco*, Rio de Janeiro, n. 1, p. 25-27, jan. 1984.

KANT, Immanuel. *Critique of the Power of Judgment*, Tradução de Paul Guyer e Eric Matthews. Cambridge: Cambridge University Press, 2000.

LATOUR, Bruno. *Reassembling the social*: an introduction to Actor-Network Theory. New York: Oxford University Press, 2005.

LADSON-BILLINGS, Gloria; TATE, William. Towards a critical race theory of education. *Teachers College Record*, v. 97, n. 1, p. 47-67, 1995.

LADSON-BILLINGS, Gloria. Just what is critical race theory and what's it doing in a nice field like education? *Qualitative Studies in Education*, v. 11, n. 1, p. 7-24, 1998.

______. Preparing teachers for diverse student populations: a critical race theory perspective. *Review of Research in Education*, v. 24, p. 211-47, 1999.

MARTINEZ, Juliana Zeggio. "Eu só posso me responsabilizar pelas minhas leituras, não pelas teorias que eu cito": entrevista com Lynn Mario Trindade Menezes de Souza (USP). *Revista X,* v. 14, n. 5, 2019. Disponível em: 10.5380/rvx.v14i5.69230.

MENEZES DE SOUZA, Lynn Mario Trindade; DUBOC, Ana Paula. De-universalizing the decolonial: between parentheses and falling skies. *Gragoatá,* v. 26, n. 56, p. 876-911, 2021.

MBEMBE, Achille. *Crítica da Razão Negra.* Lisboa: Antígona, 2014.

MIGNOLO, Walter. A colonialidade de cabo a rabo: o hemisfério ocidental no horizonte conceitual da modernidade. In: LANDER, Edgardo (Org.). *A colonialidade do saber:* eurocentrismo e ciências sociais: perspectivas latino-americanas. Buenos Aires: CLACSO, 2005.

MILNER, H. Richard; HOWARD, Tyrone C. Counter-narrative as method: race, policy and research for teacher education. *Race Ethnicity and Education,* v. 16, n. 4, p. 536-56, 2013.

______. Analyzing poverty, learning, and teaching through a critical race theory lens. *Review of Research in Education*, v. 37, n. 1, p. 1-53, 2013.

MOITA LOPES, Luiz Paulo. *Identidades fragmentadas:* a construção de raça, gênero e sexualidade na sala de aula. Campinas, SP: Mercado de Letras, 2002.

NOGUEIRA, Oracy. *Preconceito de marca:* as relações raciais em Itapetininga. São Paulo: Universidade de São Paulo, 1998.

NORTON, Bonny. Researcher identity, narrative inquiry, and language teaching research. *TESOL Quarterly*, v. 45, n. 3, p. 415-439, 2011.

PAIXÃO, Humberto Pires. O corpo no dispositivo da moda. In: SOUSA, Kátia Menezes de; PAIXÃO, Humberto Pires da (Org.). *Dispositivos de poder/saber em Michel Foucault:* biopolítica, corpo e subjetividade. São Paulo: Intermeios; Goiânia: UFG, 2015.

PESSOA, Ricardo R.; URZÊDA-FREITAS, Maria T. Challenges in critical language teaching. *TESOL Quarterly*, v. 46, n. 4, p. 753-776, 2012.

QUIJANO, Aníbal. Colonialidade do poder, eurocentrismo e América Latina. In: LANDER, Edgardo (org.). *A colonialidade do saber: eurocentrismo e ciências sociais* - perspectivas latino-americanas. Buenos Aires: CLACSO, 2005.

RANCIÈRE, Jacques. *Da política à estética.* Alceu, v. 20, n. 38, 2019.

______. *A partilha do sensível:* estética e política. São Paulo: Ed. 34, 2005.

RHEINGANTZ, Paulo Afonso. *et al.* Contributions from science-technology studies and actor-network theory to urban studies. *Area and Development Policy*, v. 1, p. 1-26, 2019.

SANTOS, Boaventura de Sousa. Para além do pensamento abissal. *Novos Estudos,* n. 79, 2007.

SBARRA, Marcelo. *Os ícones do Porto Maravilha numa abordagem da Teoria AtorRede.* Tese. (Doutorado em Arquitetura) - Universidade Federal do Rio de Janeiro, Rio de Janeiro, 2020.

SOUZA, Ana Lúcia Silva. *Letramentos de reexistência:* poesia, grafite, música, dança: hip-hop. Campinas: Parábola. 2011.

TAVARES, Gastão Cared. *Como a mídia se utiliza dos elementos do movimento hip hop?* Uma análise de vídeos e peças publicitárias. Centro Universitário de Brasília - UniCEUB Faculdade de Tecnologias e Ciências Sociais Aplicadas - FATECS. 2008

WHO. *Mercury and health.* Key facts. Geneva, World Health Organizantion. 2017.

XAVIER, João Paulo. *Letramento visual crítico e algumas percepções dos professores de inglês acerca do texto ima-*

gético nos livros didáticos. Tese (Doutorado em Estudos de Linguagens) - Centro Federal de Educação Tecnológica de Minas Gerais (CEFET - MG), 2019.

Este livro foi composto pela fonte Supria Sans
e impresso pela Grafica Digitop em abril de
2025. O papel de miolo é o Lux Cream 70g
70g/m² e o Cartão Supremo 250g/m².